未来の図書館、
はじめませんか？

岡本 真／森 旭彦

青弓社

未来の図書館、はじめませんか？　目次

装丁——神田昇和

まえがき——図書館は知の番人だ

「岡本さん、なぜそんなに図書館にこだわるんですか？」

これは私が最もよく聞かれる問いです。本書はこの問いへの、いつもの私の答え方からはじめてみたいと思います。

私は現在、アカデミック・リソース・ガイド（以降、ARG）の代表取締役を務めています。「アカデミック・リソース」とは、学術資源を意味します。社名は、一九九八年に個人で創刊したインターネットの学術利用をテーマにした週刊のメールマガジンの名称でもあり、現在も不定期で配信しています。また、学術的なインターネットの知見をいかに民間企業に広めていくかという活動を、インターネットサービスの企画、開発、運用、活用の研修、コンサルティングなどを通して展開している会社です。

私自身もかつてヤフーに勤務していて、「Yahoo! カテゴリ」の編集、「Yahoo! 検索」「Yahoo! 知恵袋」「Yahoo! 検索」のランキング、「Yahoo! 検索 スタッフブログ」「Yahoo! 百科事典」「Yahoo! ラボ」などの企画・設計・運用に従事していた実践者でもあります。

ここまでの短い文章で、「インターネット」と「学術」という言葉が、それぞれ三回も出てきていることからもわかるように、私は人生における多くの時間をインターネットと学術の交差点で過ごしてきたと言えるでしょう。

そんな私が図書館の仕事をこの交差点に加えはじめたのは、二〇〇四年の国立国会図書館からの講演依頼がきっかけでした。当時はまだヤフーに在職していたころです。日本には、国立図書館、公共図書館、大学図書館、学校図書館、専門図書館という区分がありますが、この講演をきっかけにそれらの図書館でも話をする機会を得ました。

現在では講演だけではなく、図書館の設計段階から図書館づくりのアドバイザーやコンサルタントとして仕事をしています。具体的には、新しい図書館をつくる際に自治体に提出する整備基本計画や基本構想文書の作成のアドバイスや企画提案をおこなっています。また、「ライブラリー・リソース・ガイド」として、日本中の図書館での最新の知見をレポートする雑誌も発刊し、メディア活動にも従事しています。

そうしたなかで、私がいま最も興味と情熱を注ぐのは、公共図書館です。なぜ公共図書館か。それは私が図書館によって人生を変えられた市民であり、人間であるからにほかなりません。

私が生まれ育ったところは神奈川県のとある漁師町。小学校の近所の同級生はみな漁師の家でした。男は体で勝負、学問なんて必要ないという雰囲気のなかで生まれ育った小学生の私が生まれて初めて図書館と出合ったのは、神奈川県立金沢文庫でした。金沢文庫とは鎌倉時代中期の武将、北条実時が建設した「武家の文庫」がその出自です。近所には寺があり、その寺の池でザリガニをとって、中世以来の文書をたくさん収蔵している金沢文庫の図書室で郷土資料に触れて家に帰る、という生活が、私の本の世界との出合いでした。入館料は当時十円程度だったように思いますが、地元の子どもは顔パスでした。生まれ育った地域にある、源頼朝が服をかけた岩などを、本を通して知っていくことに面白さを見いだす小学生でした。

また、当時の金沢文庫は基本的には郷土資料館といった雰囲気でした（現在は文書館として整備されています）。郷土資料館は経営が難しく、自治体のお荷物扱いされがちな存在ではありますが、一方でそうした郷土資料に触れることを通して、知性の扉や社会への扉が開かれる市民がいることをここでは強調しておきたいと思います。

ずいぶん知的な子ども時代だったと思われるかもしれませんが、幼いころの好奇心はいろいろな方向を目がけて発揮されるものであり、私にとっては偶然、本が好奇心の向かう先だったにすぎません。その証拠に、高校時代には、学力で言えば学区内でワースト3にランクされるような高校に通っていました。好奇心は時と場合によっては、客観的知性そのものを育む原動力にはならないのです。

また、私の世代では、学区ごとの学力のギャップが非常に大きく、大学に行くことなど、当時の私は夢にも見ていませんでした。在校生の一定割合はドロップアウトしていくという、いわゆる荒れている高校に通っていました。それも、かつての学ランでタバコを吸いながら肩を切って歩くけんかっ早い高校生、といったものとは違い、無気力で、「とりあえず高校は出ておけ」と親に言われて来ているような生徒ばかりが隣に座っていました。

そんななか、再び図書館が私に人生の扉を開いてくれました。私が通っていたのは、横浜市立図書館金沢図書館です。金沢図書館は本当の意味で市民の図書館です。私の母親の友人らをはじめとする図書館設立当時の市民たちは、新しく区ができ、二十万人もの人口を抱えるようになるという状況下で「どうしてこの区には図書館がないのだ？」と、署名を集めて横浜市へ住民請願をしました。そうして生まれたのが金沢図書館だったのです。

人口が増えれば子どもも増える。小学校くらいの子どもが読む児童書一つとっても、言葉を読む力を養うには図書館は不可欠です。本をどれだけ読んでいるかは、小学校で実践されている音読に如実に影響し、ある種の聞く力にも結び付きます。さらには幅広い教養を身につけることにも、明らかな貢献をするでしょう。そうした〝知の足腰〟を培うには、幼児期の読書体験が重要になってくることはまちがいありません。この図書館としての重要な機能を、ベッドタウン化する街のなかで、住民請願でつくることができたというのはすばらしいことです。当時の、いわゆる市民運動が華やかな時代背景が想起されます。

高校時代の私は、この金沢図書館に通いながら、調査・研究をしていました。図書館は読書をする場だと思われがちですが、私はやはり調査や研究をするための場として活用できるべきだと考えています。この思いはこの当時の体験から出る理想なのでしょう。

なぜ調査・研究をしていたかというと、社会問題の研究会サークルを立ち上げて、雑誌を発行していたからです。書きたい人が集まって、書きたいことを書くいわゆる文筆サークルでした。雑誌名は「LIFE」。ぼろは着ていても心は錦（とはいえ、雑誌名は完全な〝パクリ〟なのですが）な雑誌でした。

あるとき、私はこのサークル活動の一環として、金沢図書館で在日アメリカ軍が管理していた旧小柴貯油施設について調べていました。この旧小柴貯油施設は、私が小学二年生のころ（一九八一年）に爆破炎上し、大ニュースになったことで全国に知れ渡った旧日本軍以来の施設です。高校生になり、あのときの大事件を調べだした私は、金沢図書館に収蔵されていた当時の防衛庁が公開していたアメリカ軍基地関係の資料を読み漁りました。そして、石油や飛行機用のガソリン燃料の貯蔵量が何ガロンあったのか、戦中・戦後にどういった目的で使われてきたかを徹底的に調べ上げ、高校の文化祭で発表しました。すると、その発表が新聞にも取り上げられるという、思わぬ反響を得たのです。

当時は高校生がこうした活動をすること自体が珍しかったのかもしれませんが、私にとっては図書館の「調べる力」のすばらしさを実感した出来事でした。もし図書館に出入りしていなければ、もっとパチンコ屋に出入りしていたでしょうし、シュレッダーのごとくにお金を吸い込んでいく玉貸機に千円札を投入していたにちがいありません。

そしてこの出来事は「大学に行けば、こうしたことがもっとできるのかもしれない」と、私を大学進学へと導きました。しかし、やる気になるには高校三年生では時すでに遅し。大学入学にはその後一年間の浪人生活を余儀なくされました。

その後、私はＩＣＵ（国際基督教大学）に進学します。ＩＣＵで驚かされたのは高水準の図書館でできることの多さと質の高さでした。ＩＣＵは「図書館は大学の心臓である」というアメリカの大学のつくり方に基づいているため、キャンパスの中枢に図書館があります。そして、キャンパス内のどこへ行くにも必ず図書館を通らなければならないように設計されていました。

貸し出し冊数の制限はもちろん、ありません。専門書も多く、洋書も充実しています。そうした図書館を利用していくにつれて、私は日常的な読書のための利用とは違う経験をしていくことになりました。つまり、卒業論文やレポートを書くために必要な百冊くらいの本が常に手に入り、さらにそれぞれの書物で必要な部分をすぐに参照できる環境が身近にあるという経験です。図書館として最も理想的でリッチな体験を存分に味わいつくしたと言えるでしょう。余談ですが、私はおそらく同学年でいちばん本を借りていたにちがいありません。一日遅れると十円課金の延滞料は、卒業までに十万円程度にふくらんでいました。まさに主食・本という学生生活でした。

こうした、私の青春時代までの図書館での体験で共通しているのは、それぞれのライフステージにおいて、一生かかっても読みきれないほどの無数の本に圧倒される瞬間との邂逅です。歴史、人間、科学、美術、世界、そして宇宙……。それら人間の知の営みが収められた本が、眼前にくまなく広がる瞬間を目の当たりにしたとき、人は世界の広さや知識世界の深さを知ることができます。この知的衝撃に遭遇する体験を提供するというのは、図書館、さらには本そのものの非常に重要な機能だと思います。

イギリスやアメリカの大学図書館を見てみれば、それは顕著なことです。「知識の殿堂をつくる」という先人たちの営みが、どうやって登るかもわからないような高い壁面にまで収められた書物が象徴しています。本が無数にある空間は、人の世界を押し広げる力があります。

しかし、私は大学を卒業すると、こうした圧倒的な図書館体験から切り離されてしまうことになりました。住まいの近くの公共図書館の蔵書数の少なさに直面したのです。私は危機感を感じました。何かの問題に対して市民が研究活動をしたいと思ったときに、十分に機能できる公共図書館が身近にないという状態は市民にとって、さらには日本という国そのものにとって、どうしても健全な状態とは思えなかったのです。それが「自分の世界が広がるような図書館を、日本中につくりたい」というモチベーションになり、いまの私の仕事につながっています。

しかもいままで述べてきた私の個人的な経験は、主に都市部での経験です。地方に行けば状況はますます深刻でしょう。個人の書斎ほどの広さしかない図書館が、利用できる唯一の図書館である地域も少なくありません。さらには、そもそも書店が存在しない地域もあります。出版不況も相まって、大型書店も出店規模を縮小しているのです。せめてそのときに図書館が役に立っていれば……と常々思っています。

圧倒的な量の書物に出合う経験は、自分が知っている知識・情報世界を押し広げます。「世の中は知らないことばかりだ」「この世界では、バッタについてだけで本を書いている人もいるのか」といったことに気づくことができる唯一の機会です。そして、図書館はそうした経験を守り、受け継いでいく「知」の番人なのです。そうした図書館こそを私は広めていきたいですし、絶やしたくないと思っています。

人生の選択機会を増やすためにも、こうした大きな知識や社会を、広がりを知っていくことは必要です。資源がない日本ではさらに重要でしょう。人に対する投資をおこなう以外、この国には活路はないのですから。

本書では、知を守り、育み、そして創り出していく図書館のいまとこれからについて、私が日頃感じている思いのすべてを書き綴りたいと思います。

そして、図書館づくりの実践者にとって、本書がよりよい図書館の未来を開くためのメッセージになれば……。本書の書名にはそんな気持ちが込められています。

図書館のつくり方における名著として、たとえば菅谷明子さんが約十年前に書いた『未来をつくる図書館――ニューヨークからの報告』（〔岩波新書〕、岩波書店、二〇〇三年）があります。続いて、猪谷千香さんが書いた『つながる図書館――コミュニティの核をめざす試み』（〔ちくま新書〕、筑摩書房、二〇一四年）では、菅谷さんが問題提起をおこなってからの十年間で日本の図書館に何が起きたかが非常によくレポートされています。

本書では、猪谷さんが本のなかでまさに問いかけている「あなたのまちにはどんな図書館が必要ですか？」という問題への一つの実践的な仮説を提示したいと考えています。

このお二人の本を読めば、誰しも「よい図書館」が自分のまちにも必要だという意識が芽生えるものです。本書ではそのときに「では、どうすればよい図書館をつくることができるのか？」という現実的で実務的な問題を、実践者と目線を合わせながら、試論していきたいと思います。

第1章
図面から生まれる図書館は正しいのか

1▼▼▼市民に盲目な、「図面から生まれる図書館」

「図書館をデザインする」というとき、現在のプロセスでは「建築物としてすばらしい図書館をいかにつくるか」ということに偏りがちではないでしょうか。

つまり、現代的な建築コンセプトやすばらしい図面作成など、先に設計業者によって建物の要件定義がされてしまうということです。そうしてできあがった「図面から生まれた図書館」のなかで何をするのかを考える、というのが図書館デザインの順序になってしまっています。

かつての図書館は「知識の貯蔵庫」として、象徴的にも機能的にも建築が果たす役割が大きかったのですが、特にインターネット環境が整って以降、知識や情報と人々の関わり方が大きく変化し、それに伴って図書館という環境をつくるうえで建築にできることが少なくなっているのかもしれません。つまり、建築が重要であることは変わらないのですが、それだけでは図書館をつくることはできなくなってきているのです。

また、制度として仕方がないことかもしれませんが、図書館などの公共施設をつくると言ったときに、設計事務所がプロジェクトの中心となります。これは長い時間のなかからできあがってきた仕組みです。そして、なぜ建築主導の図書館「図面から生まれた図書館」がうまく機能しなくなりつつある状況にあっても持続するのかというと、そこに莫大な額の予算が動くからなのです。

その一大プロジェクトに紐付いているさまざまな関係、すなわち設計事務所や施工会社などの経済活動が起こったうえで図書館ができていくわけです。つまり図書館をつくるということでも、「市民のためになる」といった社会的意義よりも、建造における経済活動が自治として大きなインパクトがあるため、この構造をなかなか変革することができないわけです。それが日本での図書館の機能そのものを低迷させている要因の一つだと感じています。また、後述しますが、インターネットの登場が私たちと情報・知識の関係に大きな変化をもたらしています。そして、このインパクトは図書館のあり方にも大きく影響しています。

しかし本来の図書館のデザインというものは、まず「何をするか」、つまりそこに住まう市民にどのように利用されるべきかの議論からスタートし、必要な機能に合わせて図面が引かれるべきではないでしょうか。

たとえば「わが街で唯一の図書館を、もっと立派なものにしよう!」と、ある都市が図書館の新設に乗り出したとします。そして、現代的で実績がある有名な建築家に依頼をします。すばらしい図面から非常に立派な図書館が生まれ、その都市の中心地に新しいランドマークとして誕生したとしましょう。まさにすばらしく「図面から生まれた図書館」です。

しかしその都市が、百キロ四方もの広さをもっている自治体であったらどうでしょうか。もちろん中心地に住んでいる市民は、図書館が新しく、立派になって喜ぶかもしれません。しかし実際には、その図書館から最大約五十キロ離れた場所にも市民は存在しています。その市民らは図書館に行きたくても、遠すぎて利用できません。

おまけに、新しい図書館には、さまざまな「多目的ルーム」が生まれたとします。プロジェクター付きの「セミナールーム」、ワークショップやミーティングなどで利用できる「コラボレーションスペース」などが新設されます。しかし、この図書館のそもそもの利用者はお年寄りが多く、開館前には新聞を読みにくるお年寄りが列をなしているという状況であったらどうでしょう。メインユーザーであるお年寄りがよりよく過ごせる配慮はなく、目新しい多目的ルームを使いこなせる人も多くは存在していません。

これは一例にすぎませんが、つまりハードウェアとして立派につくられた「図面から生まれた図書館」は、ときにそれを動かすソフトウェアとしての市民に盲目なデザインになりかねない、と私は考えているのです。

この地域に対して最適な図書館の形を模索していくとき、たしかに一つしかない本館はそれなりに立派なものが必要だと考えても、「地域館をきちんとつくる」ということが優先されるべきです。これこそが「市民からつくる図書館」のデザインです。

「近い場所に図書館がほしい」「お年寄りが快適に過ごせる環境がほしい」という市民の声が反映されてこそ、真に市民にとってよい図書館がつくれるのではないでしょうか。「デザイン」と聞くとつい美観ばかりが先行しますが、立地や快適性もデザインのうちなのです。

「市民からつくる図書館」[1]の実例を挙げると、富山市は現在、二〇一五年春の北陸新幹線の開通に合わせて、新本館を建設中です。建築家は隈研吾氏で、私も会社として整備計画に関わっています。

本館に力を入れる一方で、富山市には地域の分館が二十四館もあります。おそらく、日本の自治体のなかで分館が多い市の一つでしょう。

この分館の多さによって、「富山市内の中心地に来なくても、富山市民として同等の図書館サービスを受けられる」ということをある程度保障しているわけです。そのうえで本館が新しく生まれ変わるのですから、まさに「市民からつくる図書館」としてのバランスがとれた図書館デザインと言えるでしょう。

日本にひとつとして同じ都市やまちがないように、ひとつとして同じ図書館はありません。いかに多くの図書館を手がけてきた建築家であっても、その都市のことを隅々まで知っているとはかぎりません。図書館は、その土地に住む市民にとって便利であり、最適な形が模索されるべきです。市民の目線に立つこと、そこから図書館のデザインは始まっていなければならないと私は考えています。

2▼▼▼図書館デザインの行方

また、「デザイン」という言葉の捉え方についても、話しておきたいと思います。この部分の話は、アカデミック・リソース・ガイドに籍を置いている李明喜さん（デザインチーム・マット代表、デザイナー。二〇一四年一月から、アカデミック・リソースガイドのパートナーとして参画、図書館の設計やまちづくりに関わる）との議論をベースに話を進めていきたいと思います。

さて、「デザイン」と聞いたときに何を想起するでしょう。多くの場合それは「きれいなもの」「ファッション性の高いもの」を指すと思われるのではないでしょうか。あるいは、「外見を美しく見せるための工夫」として認識される場合もあるかもしれません。

こうした反応は、深く話せば日本のデザイン史に関わることでもあります。日本にとって「デザイン」は輸入された概念だったのですが、一般の人々にとって「デザイン」と聞いて最初にイメージするものが「ファッション」という時代がかつてありました。そういった歴史的経緯から「デザイン＝見た目をよくすること」という既成観念が形成されています。

その一方で、たとえば、工業技術と芸術の統合をめざした総合的造形教育機関バウハウスが存在したドイツなどでは「デザイン」がまったく違った文脈で認識されています。すなわちそれは工学と芸術との融合によって、社会に浸透していきました。

日本の場合は極端に「デザイン＝見た目をよくすること」「ファッション性の高いもの＝デザイン」という傾向が強かったのです。そのため、ファッション雑誌などのメディアが創造的な情報の発信源になっていました。特に一九七〇年代から九〇年代にかけては、ファッション雑誌がその主力を担っていた部分があります。そして、実際に読者やユーザーがその流れに乗っていきました。そのため「ファッション性の高いもの＝デザイン＝クリエイティブ」という発想が疑いもなく、一般的には受け入れられてきたのです。

このように「デザイン」を捉えようとするとき、私たち日本人には「ファッション性の高いもの

＝デザイン」というバイアスがあることを認識しておくほうがいいのかもしれません。「見た目」も「ファッション性」もデザインの要素にはちがいありません。ただし、それらはあくまでもデザインの部分でしかないことを再確認する必要があるのではないでしょうか。

しかし日本で広く受け入れられてきた「ファッション性の高いもの＝クリエイティブ」という等式に綻びが生じてきています。それは一九九〇年代後半以降、クリエイティブなものの発信源がインターネットに取って代わられたからです。それまで「ファッション」があったポジションに「インターネット」が入ってきたわけです。いまの私たちが「インターネットにつながっていない場」のことを「不便である」ということよりも「現代的でない」と判断するのはそのためです。

この出来事はコミュニケーションの相互作用性の再発見につながり、それまでの場のデザインや空間のデザインに影響を与え、それらの「あり方」を劇的に変えていきました。

このような状況から、日本でも「ファッション性の高いもの＝デザイン＝クリエイティブ」がすべてではない、ということへの理解が広まっていきます。それとともに、デザインに対する理解も深まり、分化していきます。

以降、デザインというものが、その場・空間のあり方の総体を扱うものだということが認知されてきて、いまに至っていると言えるでしょう。

こうした背景に立ったとき、時折話題になる新設の図書館のデザインは、現代的でしょうか。高名な建築家によってつくられているため、見た目には非常に優れているかもしれません。しかし、先述したように総体として見たときの図書館という場・空間のあり方として、現代的でしょうか。たとえばその図書館のウェブサイトはどうでしょうか。仮に見た目のデザインは美しくても、いままでの機能と何か違うでしょうか。違っていたとして、それは本当に創造的でしょうか。

その図書館に行けば、いままでの図書館と違うことが体験できるでしょうか。さらに、そのデザインは、図書館という環境を進化させているでしょうか。私が本書で追求したい「図書館のデザイン」は、こうした部分にあるのです。

3▼▼▼消えた〝図書館職人〟の時代

どうしていま、「図面から生まれる図書館」ばかりが生まれてしまうのでしょうか。

図書館を新設するときの手続きを振り返ってみましょう。自治体が図書館をつくる際はまず「基本構想」をつくります。そして「基本計画」「整備計画」「実施計画」という計画書を作成するのが定形です。場合によっては統合されたり割愛されたりしますが、基本的にはこの四つの書類を行政文書として作成し、必要に応じて議会で議論し、承認を得て、予算措置をしていくわけです。

現状ではこのプロセスに市民が参加しにくくなっていると言えます。行政と建築側でほとんどのことが決められてしまいがちなのです。このプロセスにも問題がありますが、運用する行政の構造における問題はもっと深刻です。まず現在の行政には、図書館の政策立案をしていくためのノウハウをもった人材が圧倒的に不足しているのです。

たとえば、六十代の図書館づくりの実践者たちによって書かれた図書館のつくり方に関する本を読まれた方も多いと思います。この世代、一九七〇年代から八〇年代の行政はまさに図書館建設ラッシュでした。それこそ仕事屋的に「あっちに行っては図書館づくり、こっちに行っては図書館づくり……」といったふうに仕事をしていたことがうかがえます。その結果、さまざまなノウハウをもった、いわゆる経験豊富な〝図書館職人〟が育っていました。

しかし、たとえば私と同世代の三十代から四十代を見てみると、図書館を新設した経験がある図書館職員や行政職員はほとんどいません。つくったことがないからノウハウのもちようがないのです。

つまりいま、行政内は、図書館のことはわかっていても、図書館を新たにつくっていくノウハウがほぼ失われている状態にあるわけです。人からノウハウが失われ、かつ行政改革をおこないすぎてきたことから行政職員自体も減少しているため、もはやどんな図書館をつくるかを行政内で考えて実行することができなくなってしまっているのです。

さらにそれに追い打ちをかけているのが、いま、行政から正規職員の図書館司書がどんどん減っているという実情です。

図書館関係者にはよく知られていることですが、いまの図書館司書はそのほとんどが非正規雇用の職員です。正規職員として雇用されている図書館司書は、自治体によってはほぼ存在しません。そして非正規雇用の職員は、一定期間で制度的に解雇されます。いわゆる雇い止めです。こうした実情が、図書館づくりのノウハウを継承することをより困難にしています。また、これは図書館司書に限らず、博物館や美術館の学芸員にも言えることです。

こうした行政の状況によっていちばん困っているのは「よりよい図書館を欲している市民」だということです。そして行政は、そうした市民こそがこれからの日本の知性をつくっていくことに、より自覚的になり、考えていく必要があると思います。

4▼▼▼図面から生まれる〝効率図書館〟の実情

有能な図書館職人が姿を消したのは、図書館の新設が一段落した反作用でもあります。一般的な公共施設の場合、建物の耐用年数は三十年と考えられているため、三十年間は計画がない場合が多いです。もちろん本来は三十年目を見越して、二十年目あたりから新設・改築の計画立案をはじめなければなりませんが、バブルが崩壊したことによって行政が圧迫され、さらに行政改革もあって職員が減り、そこに平成の大合併などの地方自治の嵐が吹くなかで、どんどん余裕がなくなり、いまの状態になったと考えられます。

しかしいま、気がつけば公共施設は三十年の耐用年数を過ぎ、さらに先の東日本大震災が大きな

インパクトを与えました。耐震基準を満たしていない公共施設の存在が、許されなくなってきているのです。

　こうして行政は施設の建て替えをしていかなくてはいけなくなりました。もちろん図書館もその例外ではありません。しかし、前に計画したのは三十年前です。仮に当時二十代で現場にいた人も、もう五十代。三十代の働き盛りで計画に関わった人は、ほぼ全員退職しています。行政のどこを探してもノウハウがないうえに

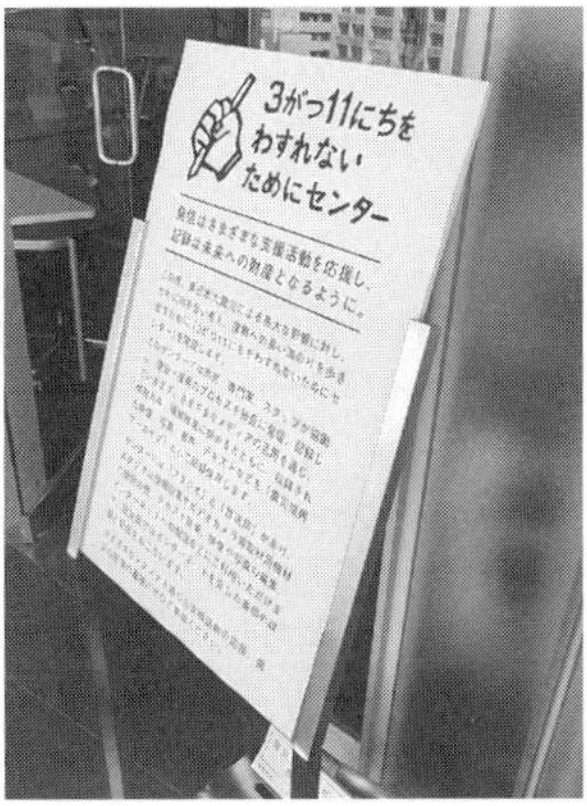

写真1　せんだいメディアテーク

写真2　伊万里市民図書館

人も足りない。こうなると、「外に丸投げする」しかなくなってしまうわけです。

その結果として、明確な基本構想や基本計画がきちんと策定されていないのに、設計事務所によってつくられた「図面から生まれた図書館」が実現化してしまっているのです。もちろん「図面から生まれた」と言っても、建物に応用性が考慮されていれば、その図書館で提供するサービスはいかようにも考えられます。ただ、どうせ新設するならば、まずは何をやりたいのかを決めてから図面を作成するほうが、市民にとっても効率がいいはずです。

たとえば、市民の意見や特性から「本の貸し出し機能よりも市民の交流を重視する図書館をつくろう」というアイデアを考えた場合、本棚を置くスペースよりも市民が交流できるスペースをつくることのほうが、図面の設計上でも重要になってくるわけです。しかし、現状の図書館デザインのプロセスでは、こうしたアイデアを図面にフィードバックすることができません。

たとえば現状のプロセスでは、本棚の設置にしても、蔵書数において日本図書館協会が参考値として示している数値をベースにします。仮に自治体の人口規模が三十万人であれば、約百十万冊と推定されます。すると設計業者は経験的に必要面積を割り出します。これに「書架の間を車イスが通れる」といった公共建築の基準を満たしたうえで、どれくらいの高さにすると棚が何本置けるかという計算をしていきます。そして、一つの本棚に何冊入るかもだいたいの計算ができるため、図面上で非常に正確な本棚のレイアウトができていきます。

こうして、「本棚はここからここまでです。で、空いたスペースはこうしましょう」といったやりとりがされるのです。これはつまり、建物の図面を効率よく引くことが図書館のデザインだとされてしまっているということです。


これは本当のデザインでしょうか。本来はまず、その地域がこれからどんなふうにまちづくりをしていくか、将来像をどう描くかということがあり、そのうえで、どんなサービスを提供するか、あるいはどんな空間を提供していくかということが考えられたうえで図面が引かれなければならないと思います。いまの図書館デザインのあり方は非常に事務的であり、かつデザインの概念的にもチープに捉えられています。

とはいえ市民も、美しく、未来的な図書館ができることを喜んでいます。この事実がときに現実を正しく捉えることを妨げてしまいます。外見的に、非常に美しくて未来的な図書館は喜ばしいものですが、それが本当の意味で市民の未来に貢献しているかというと、疑わしいところは多いものです。

5▼▼▼出来合いの公共施設には、〝しなやかさ〟が宿らない

市民に対して出来合いの〝箱〟をつくって、その空間と、正しいとされる使われ方を規定してしまうのがいまの図書館デザインです。

もちろん図書館という〝場〟自体が生み出す力や、場が人に作用してインタラクションを引き起こす力自体を否定するつもりはありませんが、建築家が百年先を見通せるわけではありません。それこそ先の震災では、あれほどの災害が見通せなかったからこそ、たくさんの建築物が壊れました。高名な建築家・伊東豊雄による仙台市の複合文化施設である「せんだいメディアテーク」も、大きな被害を受けました。

もちろん、あの震災は未曾有の大災害でした。あの地震の災害規模を正確に推定することは、どれほど優秀な建築家にも不可能だったと思います。しかし、忘れてはいけないのは、せんだいメディアテークのいちばんの課題は、どんなときであれ、「市民が集える場所である」ということです。にもかかわらず、震災にもちこたえることができなかったのです。

公共施設は、設計の段階で想定外の使い方・外的要因に対応できるしなやかさがどれだけ盛り込まれているかがその価値を握ると言えるでしょう。すなわち「想定外を許容するアーキテクチャを考慮する」のが公共施設をつくる建築家の仕事だと思います。もちろん建築家だけではなく、プランニングする行政、さらには市民も考えなければいけないのですが、いまはそれができていないのです。

繰り返しになりますが、やはりニーズに対して場を合わせていくほうが、公共の利として正しいものがつくれると思うのです。もちろん、何にでも迎合すればいいわけではありません。特に公共施設の場合は許容性の敷居は下げながらも、同時に公共空間だからこそ求められる振る舞いを求めるべきです。レストランのような商業施設がドレスコードを求めるのと同様に、図書館としてふさわしい振る舞いを求めることは正しいはずです。

したがって「なんでも認めろ」と言いたいわけではないのですが、いまは時代と市民のニーズに対し、許容範囲が狭すぎることで、図書館の魅力・機能が低下していると思うのです。

6▼▼▼市民から生まれる図書館

図書館をつくるうえでまず大切なのは、きちんと構想を立てること。ビジョンを打ち立てて戦略を練り、その最終的なアウトプットとして、図面が引かれるという、本来あるべき物づくりをおこなうことであり、私はそうした図書館デザインこそを推進したいと思っています。

そのためにはもっと市民の声が聞かれることが重要です。しかし、もう図書館の構想はほとんどできていて、最後の最後に一週間だけ市民から意見を聞く時間をつくる、といったことが「声を聞く」ということにはなりません。

たとえば実例を挙げると、佐賀県の伊万里市民図書館の場合は、住民が参加しながら一緒に図書館をつくっていきました。[2] もちろん建物もすばらしいのですが、「この図書館をどんな図書館にしようか」ということを市民が行政と一緒に考えていくプロセスがありました。

たとえば図書館は市民と協働で図書館建設を進めるために、さまざまなプログラムを用意しました。そのなかでも「できあがったものよりプロセスが大事だ」とはじめられたのが、「図書館づくり伊万里塾」という計八回の市民参加型の学習活動でした。さらには、市民参加でアメリカ図書館視察（シアトル・ブレマートン・サンリアントロ）もおこなわれたほどです。

また、このプロセスは図書館が生まれた現在も続いていると言えるでしょう。ウェブサイトに図書館の目標として「伊万里をつくり　市民とともにそだつ　市民の図書館」と掲げられています。

そして図書館新設の際の市長はもう退職していますが、現伊万里市長である塚部芳和氏も「図書館の役割は、ひいては地域のあらゆる面でのまちづくりに影響を与える」[3] とし、その元市長の考え方をいまも支持しています。なぜなら、現市長は、約十年前の伊万里市民図書館が建つプロセスでは一市民（かつ伊万里市職員）だったからです。市長でこそあれ、いまもなお「私たちの図書館」

という意識を市民と目線を合わせて持ち続けているのです。

「私は、公共図書館の運営は、行政がきっちりと責任をもって運営責務を果たすことが基本ではないかと思います。民営化、指定管理者への委託では、行政の丸投げ的な批判を受け、行政の関わりを低減するなど、逃げの姿勢につながらないか危惧するところです(4)」

こうした言葉からも、「この地域ならではの図書館をつくっていくべきだ」という覚悟が伝わってきます。

また、北海道の網走付近に置戸町というまちがあります。この置戸町立図書館（現・置戸町生涯学習情報センター）は市民参加型で最も有名であり、実績を残したところでしょう。

もう三十年ほど前の出来事です。もともと置戸町は林業のまちでした。木を切り出して、加工して木材に変え、それを販売していたわけです。しかし置戸町の林業は安価な輸入木材に押されて衰退傾向にありました。

そのときにまちの人たちが「木はある。でも、木を製材するというビジネスはもう成り立たない。どうしよう？」と勉強会をはじめたのです。定期的に読書会を開き、林業でどうやって生きていくかと意見を出し合いました。その結果として行き着いたのが、「ウッドクラフト」でした。「素材を作るのではなくて、自分たちの手で製品を作ってしまおう」、つまり林業や製材業ではなく、木そのものを加工して製品化する道を自分たちに見いだしたのです。

北欧では製材業を営んでいた人々がウッドクラフトに転向しています。北欧のウッドクラフトには一種のブランドが確立されていて、それこそＩＫＥＡなどはそうした文脈から出てきたものです。

置戸町は自分たちのウッドクラフトを「オケクラフト」としてブランド化し、現在でも多くの収益を上げ続けているまちの名産品になっています。市民が読書会をはじめた結果、もともとこのまちにあった図書館が、本の貸し借りだけではなく、読書会ができる場所として位置づけられていった結果でした。

いまは先述した行政改革の問題もあって、もはや行政内だけで図書館の新設を企画立案するのは荷が重いのが現状です。しかし、行政の人はほかの誰よりもその地域のことをよく知っているという確固たる強みがあり、伊万里市のように地域の人々を集め、図書館をつくる力を生み出すことができます。その一方で、行政ではほかの自治体の図書館での最新の取り組みや、さらには海外の事例については情報が不足しがちなのかもしれません。そうした部分は、場合によっては外部のコンサルタントを活用しながら進めていければいいと思います。

行政に人とノウハウが乏しいいま、行政・地域の住人・外部コンサルタントが協働して図書館づくりにあたっていくのがいちばん好ましい図書館デザインの座組みと言えるのかもしれません。

7▼▼▼信じることからはじめよう、市民のちから

市民とともにある図書館をつくるために、もっと市民のちからを信じてみることからはじめてもいいのかもしれません。

たとえば私は「神奈川の県立図書館を考える会」を定期的に開催していますが、そこに福富洋一郎さんという方がいらっしゃいます。

福富さんはかつて企業でバリバリ働くビジネスパーソンでした。そして引退してからは「かわいい孫のためによい図書館をつくりたい」という思いで十年以上活動している図書館の活動家として全国に知られていて、公益社団法人日本図書館協会の理事にも「図書館友の会全国連絡会」として名を連ねています。

一昔前の、いわゆる「市民活動」の主人公は主婦でした。しかしいま、東京のほとんどの家庭は共働きでなければ生活ができません。主婦という存在自体がもう存在しなくなりつつあるため、主婦だけが市民運動の担い手になるということはありません。

現在は福富さんのような、かつて企業でバリバリ働いていたシニア世代が主力を担っています。彼らは高度経済成長以降の日本を支えた企業人ですから、いままで多くのプロジェクトや事業を支えてきた〝地力〟をもっています。

福富さんはもう七十歳を超えていますが、メールはもちろん、「Facebook」のようなソーシャルメディアでのコミュニケーションにも慣れています。

ビジネスの世界で鍛えられた地力をもち、IT（情報技術）を駆使することができる彼ら彼女らは市民活動を支えるうえできわめて重要な社会資本だと言えるでしょう。実は市民運動的にはよい環境が整っているのです。

8▼▼▼本当の、市民の声の聞き方

「市民の声を聞く」となると、どうしても「三百六十五日オープンしてほしい」「二十四時間開館してほしい」「家の近くにあってほしい」というものが出てきます。これらは市民の〝図書館三大ニーズ〟と言っても過言ではないでしょう。

よく考えればこれらの要求の実現が、本当の意味で図書館の機能を向上させないことは自明なのです。図書館の利用率は自治体にもよりますが、多くても人口の半分です。「三百六十五日二十四時間オープン」を実現したところで、地方都市であれば元旦の来客数が「まさかの二人！」といった局面に出くわしてしまうことは明らかでしょう。

また、三百六十五日オープンするとなると、人件費が当然高騰します。東京都心以外ではほとんど費用対効果が期待できないでしょう。仮に東京でおこなったとしても、深夜のネットカフェで寝泊まりしている人々が流れ込んできて問題化するのがその結末でしょう。

とはいえ、どうしてもこうしたむちゃな意見は出てきてしまうものです。しかし、市民に失望してはいけません。こうしたニーズが出てくるのは市民が図書館のことを「本を貸し借りする場所」

としか認識してこなかった結果なのです。それ以外の図書館の機能を伝えてくることができなかった図書館にも、責任はあるのです。

これは実際にあった事例ですが、ある図書館では「このまちにおける本当の市民の暮らしぶりはどうなのか？」に着目して、市民の声を拾い集めながら現実的な道を模索していった経緯があります。

そのまちでも「二十四時間オープン」を求める市民の声はあったそうです。しかしそれに対して図書館側はきちんと説得を試みました。

まず「はたして「深夜十二時に図書館に来る」という生活が健全なのでしょうか？」と市民に問うたといいます。さらに「図書館で働いている人にも生活があります」と、自分たちの立場も表明していいます。

そして二十四時間オープンにかかる行政コストはどれくらいかを明示したうえで、「やはり八時―二十時で十二時間オープンするとして、市民はその間に図書館に来られるような生活をしましょう。それが健全な生活です」ということを対話を通して説明していったのです。

こうしたたくさんの市民の納得感のうえに、できている図書館もあるのです。市民参加型の図書館づくりで大切なのは、図書館側が市民との適切な対話の方法を模索することです。それこそが図書館の責任であると私は思います。

注

(1) 現在、旧大和跡地に建設が進んでいる、二〇一五年度開館予定の西町南地区公益施設(新本館)。

(2)「図書館のあゆみ」(https://www.library.city.imari.saga.jp/ayumi/ayumi06.html)［アクセス二〇一四年十月二十五日］

(3)「市長雑感(第三百三十七号) 図書館への思い」(http://www.city.imari.saga.jp/3273.htm)［アクセス二〇一四年十月二十五日］

(4)「市長雑感(第三百三十七号) 図書館への思い」(http://www.city.imari.saga.jp/3273.htm)［アクセス二〇一四年十月二十五日］

第2章

図書館の〝周辺〟にある、進化のチャンス

1▼▼▼ゲーム機がある図書館

多くの図書館は「静かに本を読む場所」「本を貸し借りする場所」としてだけ、存在し続けていると言えるでしょう。

そして、全国どこの図書館に行っても、こうした自分の家の近くの図書館とほぼ同等の環境で利用でき、同じような手続きでサービスを受けられる。これは図書館のもつ大きなメリットであり、その歴史とともに築いてきた公共性だと思います。

しかし、図書館を利用する市民、社会における情報との接触の方法、メディアとしての本の存在意義は、常に変化し続けています。こうした図書館の外側の変化に対し、いまの日本の図書館は少し保守的な態度なのかもしれません。ここでは、図書館とその周辺の関係性について、整理と提言をしていきたいと思います。

少し面白い例から話していきましょう。最近リニューアルをおこなった富山市のとやま駅南図書館・こども図書館には Xbox が導入されています。Xbox は Microsoft が販売している家庭用ゲーム機です。なんと「図書館にゲーム」です。

子ども同士や親子を対象に、「キネクト」というモーションセンサーを内蔵したデバイスを通し

写真３　とやま駅南図書館・こども図書館

て、体を動かして遊ぶゲーム体験を提供しているのです。さらに漫画も蔵書し、親子に人気があります。

日本の図書館でここまでゲームを全面に打ち出したのはここが初でしょう。空間デザイン的にも、従来の日本の図書館とは大きく異なっています。こうした図書館のあり方に、しばし眉をひそめてしまう人はいることでしょう。しかし、実は図書館法にはこんな記述があります。

第二条　この法律において「図書館」とは、図書、記録その他必要な資料を収集し、整理し、保存して、一般公衆の利用に供し、その教養、調査研究、レクリエーション等に資することを目的とする施設で、地方公共団体、日本赤十字社又は一般社団法人若しくは一般財団法人が設置するもの（学校に附属する図書館又は図書室を除く。）をいう。[1]

「「図書館」とは……レクリエーション等に資することを目的とする」。この表現は日本の図書館の歴史で、あまり解釈されてきませんでした。一九五〇年代に施行された法律のため、当時はこの言葉自体が非常に新鮮で、うまく翻訳できていなかったのでしょう。

図書館法とは、非常に先見の明がある法律です。図書館の計画・運営をするにあたっては、図書館法をじっくりと熟読することがまず大切だとよく思います。さらに言えば、図書館法の前提となっているものは社会教育法です。さらに社会教育法の前提は教育基本法、さらに教育基本法の前提は憲法なのです。

図書館に関する法律はこの四段階構造になっています。最高規範たる憲法があり、教育における基本法である教育基本法があり、そのなかで教育の一部が社会教育・学校教育と分けられますが、社会教育全般を定める社会教育法があり、図書館法があります。図書館の運営に携わる以上、これらの法律について熟知していることは基本的な前提知識です。

もちろん行政職員は公務員になる過程で必ずみなさん学んでいますが、実務に入ってから使う機会が減ってしまうのです。この四つの法律を再び実務のなかで理解し直すというのは重要な作業かもしれません。

さて、いまの多くの図書館が業務としておこなっているのは「図書、記録その他必要な資料を収集し、整理し、保存して、一般公衆の利用に供し、その教養、調査研究……に資する」までです。つまりレクリエーションまで手を伸ばしていないというのが現状です。

法的には手を伸ばしていいはずが、手を伸ばすと批判を受けることがあります。先ほどのとやま駅南図書館・こども図書館や武雄市図書館の取り組みの現状を見てみるとよくわかります。

「とはいえゲームは……」という声もあるかもしれません。しかし東京大学に馬場章教授という研究者がいますが、歴史学習に歴史シミュレーションゲームを用いる研究をしています。

日本の最高学府では歴史研究のためにゲームを使っているのです。歴史上の出来事を学習者に理解させるには、理屈で教えるよりもゲームで体験させるほうがより教育効果があるというのです。

先述した図書館は大いにレクリエーションをおこなっているわけです。もちろん、それが市民にとってどのような利になるか、そしてその利を認めるべきかには議論が必要かもしれません。しかし、法的にも定義されているレクリエーションに手を伸ばしただけで、批判を浴びるというのはいかがなものでしょうか。

これからの図書館が備えるべき要件として、いままでやってきたことはもちろんよしとしながら、その次にあるレクリエーション性の開拓に進んでいかなければいけないのではないでしょうか。たとえば読書会を通じたディスカッションやビブリオバトル(2)もレクリエーションの一環としていいと思います。

日本の図書館文化は、もう少しレクリエーション、つまり娯楽性に寛容になることで進化できるのではないでしょうか。むしろレクリエーションに特化しようとする図書館がときに批判されながら、調査・研究だけにアプローチしている多くの図書館が「調査・研究する市民利用者なんてめったにいません！」という批判にさらされないのはどうしてでしょう。

「図書館のあるべき姿」は、過去と同じ図書館であり続けることと、必ずしもイコールではないのです。

2▼▼▼メディア利用から見る「静かな図書館」

また図書館には、「騒音源となるため、パソコンを使用するべからず」といった風潮があります。どうして図書館は静粛性が最優先される空間になっているのでしょうか？――という議論はおそらく本書をお読みの方にとっては、食傷ぎみかもしれません。しかしこの議論は図書館を運営していくにあたっては、避けて通れないものです。

ここでは「静かな図書館」という存在を、メディア利用の観点から観察してみましょう。議論になった際の視点の一つとして活用していただければと思います。

さて、二〇一四年にワールド・ワイド・ウェブ（WWW）は二十五周年を迎えました。これはつまりインターネット誕生二十五周年と言い換えてもいいかもしれません。そしていま、多くの家庭には、パソコンもしくはそれに準じるインターネットデバイスがあることは当たり前の風景になりました。

さらに現在の一般企業や大学をはじめとする研究機関などで、パソコンを使用しないところは非常に特殊な部署や専門機関に限られるようになりました。パソコンはいまや、鉛筆やシャープペンシルよりも活用されている、現代の「筆記具」でもあります。現在の図書館の外はおおむねこのような状態です。

その一方で図書館のなかでは、パソコンは専用のルームまたは学習室の一部でだけ使用が可能です。多くの理由はキーボードを叩く音がうるさくて読書の妨げになるから、というものです。図書館の外では、大部分の場所で使用可能であり、技術革新によって軽量化され、どこへでも持ち歩き可能なパソコンが、図書館のなかではごく一部の場所でしか利用できないようになっています。

続いて、メディアの利用を観察します。メディアの利用は世代ごとに特徴があり、その特徴によって利用スタイルの相場が決まります。

たとえばいま「新聞の購読者数が減っている」と言われていますが、最も購読者数の減少に影響している原因は、新聞を読んできた世代が定年し、新聞メディアを利用しなくなったからなのです。「新聞世代」は、いまの七十代ぐらいがコア層です。新聞が大好きで三紙くらいを普通に購読していました。図書館で新聞の奪い合いをしているのはおおむねこの世代です。

その一つ下の四十から六十代の世代に「テレビ世代」がいます。とにかくリビングでくつろいでいるときもテレビをつけっぱなしという世代です。

そのさらに下に、テレビを見なくなった「インターネット世代」が存在し、いまの二十から四十代くらいの層に広く分布しています。そしてインターネット世代は非常に細分化されています。たとえば「ウェブサイトを閲覧する」という人もいれば「「Facebook」や「Twitter」などのソーシャルメディアさえ見ていればOK」という人もいます。さらに「「LINE」＝インターネット」となんの不思議もなく思っている人も存在します。

このように、メディア利用は、世代によって特徴づけられ、主たる利用集団を形成しているのです。そして公共施設である図書館の利用市民はこの全世代を包含します。

テレビ世代は、家ではテレビをつけっぱなしにして本を読んでいるかもしれません。ネット世代は、本のなかのわからない単語を調べるために常にパソコンを開きながら本を読んでいるかもしれません。彼らはパソコンのキーボードの音をうるさいと判断するでしょうか。

また、新聞世代であるいまの七十代ぐらいは、図書館に静粛性を求める利用者であるとともに、図書館利用者で最も熱心な層と重なります。しかし、彼らが図書館で新聞を読むときの新聞紙をめくる音も、あるいはほかの世代にはうるさく感じることもあるかもしれません。

図書館にはこうしたいろいろなメディア利用をしている人が集まっているはずですが、そこでは静粛性が最優先になっています。

海外の図書館を見てみると、まずアメリカでは、読書空間としての閲覧スペースの静寂は保たれているものの、利用スペースの確保にメリハリがあります。つまり、雑談も可能なスペースと、静寂な空間としての閲覧スペースが館内にうまくレイアウトされていて、パソコンの利用もそれに準じています。私が訪問したなかでは、ワシントンD．C．にあるマーティン・ルーサー・キングJr. 記念図書館はまさにそういう図書館でした。

また、私設図書館も多いイギリスでも、基本的には静寂が第一とされているところは見かけません。静寂を必要とするスペースは「特別室」扱いです。意外に思われるかもしれませんが、国立図書館である大英図書館はその代表例です。すべての図書館がそうではありませんが、ここまで静寂を重視する日本の図書館は、世界的に見ても非常にユニークではあります。

メディア利用の視点から見ると、日本の静かな図書館はこのように観察できます。日本の図書館はどうして「本を静かに読む」というメディア利用にだけ特化しているのでしょうか。それは「公共の場」として本当に最適なことなのでしょうか。

3▼▼▼市民利用に見る騒がしい「シェアオフィス」のニーズ

図書館には情報を知りたい人、知的好奇心がある人、問題意識をもつ人などさまざまな人が集まります。しかし、静粛性が重んじられ、コミュニティー化が促されないためにこれらの人々は図書館の書物から一人で情報を得て、一人で図書館の外の社会へと帰っていきます。

この場で、騒々しさを許容するとどんなことが起こるでしょうか。つまり、情報を知りたい人、知的好奇心がある人、問題意識をもつ人などさまざまな人が集まり、騒々しく交流し、コミュニティー化するのです。そうすると、誰かが得た情報をみんなでシェアし、外の社会に帰ったあとも関係性が連続するようになります。

こうした空間が都心では「シェアオフィス」「コワーキングオフィス」として位置づけられているのだと思います。

図書館が〝単創性〟に長けている場とすれば、シェアオフィス・コワーキングオフィスは〝共創性〟に長けています。こうしたそれぞれの長所に着目し、現在、シェアオフィスが図書館とコラボレーションするケースが非常に増えてきています。「ライブラリーのあるシェアオフィス」が大きな付加価値として注目されているのです。

日本でその先駆となったのが「六本木ライブラリー」です。六本木ヒルズにある会員制の図書館であり、コワーキングオフィスとして、ビジネスパーソンをはじめ多くの市民に利用されています。本がもつ「人をつなぐ力」、そして「同じ本を手にすること」で仲間を発見できるということを最大限の武器にしたコワーキングオフィスだと言えるでしょう。

コワーキングオフィスもブームがここ二、三年で収束しつつあります。そのなかで生き残ってきているところには、「ライブラリー」としての機能を武器として提示している例が見られます。本があるコワーキングオフィスが、多くの人に求められた結果です。

ということは、図書館もコワーキングオフィスを武器にすることができれば、進化できるチャンスがあるということなのかもしれません。つまり、静粛性をコワーキングという新しいテクノロジーに持ち替えるということです。

写真4　海士町・島まるごと図書館

それに、都心部であれば既存の図書館とコワーキングオフィスが並立してもいいでしょう。しかし、地方に行けば、「コワーキングオフィス」だけの場がそもそも成り立たない、もしくは土壌が生まれていない場合があります。そこでは図書館がコワーキングの場になる、といった展開があってもいいはずです。

そうすると図書館は、本を貸し借りするだけの場ではなく、まさにまちづくりの場になっていくようになります。これも一つの進化の方法かもしれません。

こうした進化を成し遂げた離島の図書館があります。島根県の海士町《あまちょう》中央図書館および、まちが掲げる「島まるごと図書館構想」です。木造の図書館の窓からは、カモの親子が遊ぶ小川と豊かな田んぼの風景が眺められます。併設するカフェスペースでは、島内の子どもからお年寄りまでが本を通じてつながることを可能にするとともに、さらに島外からやってきた人がわいわいと交流する憩いの場にもなっています。

「人づくり」「子育ての島」「教育の島」をめざす海士町に、待望の図書館が開館したのは二〇一〇年。先進的なまちづくりで全国的な話題を呼んできた海士町ですが、かつては図書館がない島だったのです。

そこでこの島は「図書館がない」という欠点を逆に生かすことを試みました。つまり保育園から高校までの島の学校、地区公民館や港などの人が集まる既存の公共施設を「図書分館」と位置づけ、さらにそれらをネットワーク化することで、島全体を一つの巨大な「図書館」とする「島まるごと図書館構想」を打ち立てたのです。

つまり本によって人とつながること、そしてコワーキングの場としての図書館を、島全体に広げ、ソフトとハードの両面からつくっていった好例と言えるでしょう。

いまの図書館の静粛性は、そこに何かが取って代わることで、図書館の新たな一面を見いだせる、いわば「希望の〝x〟」なのかもしれません。

4▼▼▼図書館ウェブサイトは本当に公共性があるのか

また、少し余談ではありますが、図書館ウェブサイトにも多くの課題があるように感じています。図書館のウェブサイトを見てみると、そのほとんどが操作性やデザイン性の点で、現代的ではないと考えざるをえません。

少し突飛な例ですが、New York Public Library のウェブサイト(3)を見てみると、まずトップページではオススメの書籍や図書館でのイベント、ニュース記事などが美しい写真とともに並びます。さらに書籍を検索すると、そこには「ガーディアン」紙や「ニューヨーク・タイムズ」などのメディアによる記事、読者からのレビューまでが一覧できるようになっています。もちろん、どこにあるかも検索できるとともに、ワンクリックで購入ステップに進むこともできます。

このNew York Public Library のウェブサイトは、「書籍を調べる」という点では、世界で最も大きな書店である「Amazon」の機能と互角もしくはそれ以上のクオリティーを保証していると言えるでしょう。つまり「一般的な利用者がサイトに行き、その先を見たいと思わせる要素」が豊富に盛り込まれているのです。

日本の多くの図書館のウェブサイトを利用者が見たときに、どのようなリアクションをするでしょうか。そこには休館日・開館日の明示と本の貸し借りのための必要最低限の機能があるだけで、その先を見たいと思っても、何もないのです。

「最低限のことができるのであればいい。経費は限られていいのだから」と反論されるかもしれません。しかし、図書館は公共施設であり、それは現実世界でもインターネット上の世界でも変わりません。いまや「一日に一度もインターネットを検索しない」という二十代から四十代の人は、ほとんどいないとも考えられます。その人々が、図書館のウェブサイトとほかの商業サービスのウェブサイトを見比べたときに、多くの図書館のウェブサイトを「現代的ではない」「使いにくい」と判断しているのが現状だと思います。その状況は、公共サービスとして改善すべき点なのではないでしょうか。

もっとも、経費の問題はあると思います。高機能なウェブサイトをつくるには投資が必要なこともあります。「図書館にそんなお金はない」と反論する方もいるかもしれません。しかしそうした反論をしている方は、一度でも「ウェブサイト　無料　作成」というキーワードで「Google検索」をしたことはあるでしょうか。検索結果で出てくる記事のいくつかを参考にすれば、少なくともデザイン面とコスト面ではかなりレベルの高いものがつくれるはずです。

あるいは自分たちに知識がないのであれば、そうした検索結果をヒントにし、市民からの協力を仰ぐのも手段の一つです。たくさんいる市民のなかから、ウェブサイト構築に詳しい人たち、図書館を通した発信に意欲のある人たちを集めてアイデアを出し合えば、少なくとも「最低限のことができるのであればいい」以外の選択肢を模索できるのではないでしょうか。

5▼▼▼日本の公共空間の捉え方

同じ「公共空間」でも、日本には独自の考え方があります。そして、公共空間である図書館はすべてその価値観のうえに成り立っているものだと言えるでしょう。

公共性というものは本来、「市民の誰もがそこに存在しうる場」です。まさに広場などがそうです。法律と一定の節度を互いに守り合うなかで、市民が自由に振る舞っていい場所のことを公共空間と呼ぶはずです。ニューヨークのマンハッタンにあるセントラルパークが最も顕著な例です。他人に危害を及ぼすような違法行為さえしなければ、パフォーミングアートでも詩の朗読会でも、何をしてもかまわない。それが公共的（= public）ということです。

アメリカやヨーロッパでは、市民は公共空間のことを「自分たちのもの」と捉えます。その一方で、日本ではやや「国が与えてくれているもの」と捉える傾向があります。これはどちらが正しいというわけではありません。ただ、これからの図書館を考えるにあたっては、私たちは日本の文化・価値観を通して公共空間をつくってきましたし、認識しているということを知っておいたほうがいいと私は思います。

日本の公共空間は、「お上から与えられた」という意識が強いことから、「静かにするべき」と規定されれば国民みなは疑うことなく、それに従うことが正しいことだと考える傾向があります。しかし公共施設の耐用年数は三十年で、なかには四十年五十年も使用しているところがあります。当然、その間には社会が変わり、価値観も変わり、公共性という概念も変わるべくして変わります。

こうした観点から見たとき、図書館は、生まれたときの理念が建築ごと、いまにずっと引き継がれている部分が多い公共施設だと感じます。その最後の砦が図書館の静けさなのかもしれません。

この公共性の捉え方はいまでも有効でしょうか。実際の自分たちの「市民との関わり」を少し詳しく観察し、自らを疑うことができれば、そこから進化し、新しい図書館としての公共性が見えてくるかもしれません。そして市民の知を司る図書館の進化は、公共性そのものの進化でもあるのです。

注

(1)「図書館法（昭和二十五年四月三十日法律第百十八号）」（http://law.e-gov.go.jp/htmldata/S25/S25HO118.html）［アクセス二〇一四年十月二十五日］

(2) ビブリオバトルとは、みんなで集まって五分で本を紹介し、読みたくなった本（＝チャンプ本）を投票して決定する、スポーツのような書評会。「首都決戦」をはじめさまざまな大会がおこなわれている。「ビブリオバトル」で検索または「知的書評合戦ビブリオバトル公式ウェブサイト」（［http://www.bibliobattle.jp/］［アクセス二〇一四年十月二十五日］）へ。

(3)「The New York Public Library」［http://www.nypl.org/］［アクセス二〇一四年十月二十五日］

第3章
図書館の原風景を見つめる

1▼▼▼ひとつとして同じ図書館はない

本書の執筆中である二〇一三年から一四年は、図書館の話題は武雄市に独占されたと言っても過言ではないでしょう。すなわち「新・図書館構想」のもと、スターバックスコーヒー、蔦屋書店、レンタルソフト店をもつ、武雄市図書館・歴史資料館(1)が一三年四月一日にリニューアルオープンしたのです。

私も実際に足を運び、話題どおりのそれはそれですばらしい図書館の一つだと感じました。ただ、いろいろな自治体の人々が一斉に武雄市の図書館を視察に行き、「うちのまちにもこんな図書館がほしい」と言ってしまうことには違和感を感じざるをえませんでした。「よい図書館がうちのまちにほしい」と「武雄市図書館のような図書館がわがまちにもほしい」という話とは、まったく違う話なのではないかと思うのです。

実はこれは武雄市図書館に始まったことではなく、前々からあります。たとえば浦安市立図書館も多くの自治体からの視察が絶えない定評があるとともに、いまも市民の絶大な支持を得ている図書館です。市立図書館として日本では最高水準の設備をもつ都市型図書館だと言えるでしょう。

そして十年ほど前に千代田区が「あなたのセカンドオフィスに。もう一つの書斎に」と、千代田図書館[2]というビジネスパーソンを意識した図書館をつくりました。平日は夜十時まで開館し、約二百席ある閲覧席のうち、八十二席は電源と有線ＬＡＮが利用できるデスクタイプの席を採用しています。

　また同時期には先述した森ビルによる民営図書館、六本木ライブラリーが生まれ、コワーキングスペースの先駆的事例の一つになりました。こちらにも多くの人が視察に訪れ、口々に「うちのまちにもこんな図書館がほしい」と話していました。

　ある種の論争を巻き起こしたり、それこそ「自分のところにもこんな図書館がほしい」という意識を喚起する図書館はすばらしいと思います。ただ、ここで考えなくてはいけないのは「ひとつとして同じ図書館はない」ということだと私は思っています。

　これは私の知人である大学図書館の司書の名言です。私は東日本大震災の折にその方からこの言葉を聞いたのです。その方は震災当時、東北大学の大学図書館で働いていました。そして震災に遭遇し、同じ地区にある図書館でも、被害を受けた規模はまったく多様だったことを目の当たりにしました。つまり、同じ地区にあっても「建物は大丈夫だったけど津波にやられてしまった」という図書館もあれば、「高台にあって津波の被害は受けていないけれど、建物は根本的に破壊された」という図書館もあったということです。同じ図書館でも、被害の実情がまったく違っていたのです。

　その方はどこか一つの図書館の対策が、必ずしもほかの図書館に当てはまるわけではないことを、震災から痛いほどに感じ取ったと話していました。少し想像力をたくましくすれば、震災のような有事のときでなくても、すべての図書館には個性があり、それぞれはまったく別の存在だと考えることができます。

日本にある千七百以上の自治体のうち、まったく同じ自治体というものは存在しません。人口規模が同等であったり、産業構造が似ている自治体はあるでしょう。しかし、異なった土地や歴史に根ざし、地域性や歴史性をもって発展してきた自治体は、それぞれ独立した顔をもっているのです。そこにはそれぞれに特徴的な住民がいて、その地域の住民が必要とする図書館という存在も、当然ながら多種多様なはずです。

公共図書館で言えば、日本には約三千二百館あります。したがって、本来ならば図書館の形には三千二百のパターンがあっていいはずなのです。

2▼▼▼多様な歴史から生まれた図書館の原風景

ところが、実際にはこうした図書館の個性はあまり意識されず、日本中どこへ行っても図書館は似たり寄ったりです。私は、まるで何かのコピーのような図書館ばかりになってしまっていることを常々疑問に思っています。いったいどうして図書館はコピーばかりになってしまったのでしょうか。そもそもオリジナルはどこにあったのでしょうか。

この背景には、一九七〇年に日本図書館協会が発行した『市民の図書館』(3)という一冊の本の影響があると思います。

この本は、日本がいわゆる高度経済成長の後期にさしかかり、都市での図書館の役割が改めて注目されていく時代のなかで、公共図書館の新しいモデルを提示した本でした。

同書では、資料提供とレファレンスサービスを図書館の基本的な仕事と位置づけ、児童へのサービスを充実させ、個人貸し出しの徹底化とすべての市民にサービスが行き渡ることを重点目標とすることが語られています。多くの図書館が教科書のように同書を読み、その発展の礎としました。

この本によって施設数や利用者は増えるとともに、図書館は日本全国どこへ行っても同じクオリティーのサービスを受けられる公共施設として大きく躍進しました。しかしその躍進のなかで犠牲となったのが、日本の図書館の地域的な多様性だったのです。つまりいまの図書館のあり方に至るまでの発展は、図書館という仕組みの画一化なくしてはありえなかったのです。

多様性という切り口だけで比較するのはいささか乱暴かもしれませんが、戦前の日本の図書館には特徴的なエピソードがあふれていました。それらの図書館では、そもそもいまのように「誰もが無料で本を借りられる」ということを前提にしていませんでした。むしろ、館によっては有料の利用となることもあったようです。

さらに面白いエピソードとしては、図書館の本棚には鍵がかかっていたり、鎖が付けられていたりしていたということです。本の社会的な位置づけが、現代とはまったく異なっていました。非常に神聖なものとされていたため、誰もが簡単に、いつでも好きなように読むことはできなかったのです。

さらに地域的な特徴も多彩でした。明治期、早ければ江戸末期に生まれていた図書館を見てみると、東海道地域あるいは中山道地域など、昔の街道町に多く分布していることがわかります。私はまだ東海道と中山道しか調査できていないのですが、ほかの地域にも同様の状況が見いだせる可能性があります。

いわゆる街道の宿場町で栄えた図書館は、地域の豪農や豪商が整備したものでした。それぞれの図書館には地域性が表現されてくるため、形はもちろん、図書館のあり方としても非常に多様です。そもそも公立ではない、いまで言うところの市民がある程度の資金を出し合ってつくる民間図書館のようなものです。

かつての街道町には、江戸から明治にかけて資産形成をしてきた人たちを中心にして多くの図書館が生まれていました。また、江戸時代末期の思想家である二宮金次郎が説いた「報徳思想」を受け継ぐ人々「大日本報徳社[4]」が図書館を開設しているケースが少なからず存在しています。有名なところでは大日本報徳社がある掛川市の図書館です。この図書館は戦後に公立の公共図書館に移管されるまでは、大日本報徳社が運営する図書館でした。建物はいまでも残っています。

その一方で、いわゆる「自治体がつくった公立図書館」も数多く存在します。もっとも〝公〟という表現も難しい戦前期ですが、日本でいちばん多い公立図書館は約百年前に成立した図書館たちです。特に一九一〇年代に成立した図書館が非常に多いことは、ここ数年で百周年を迎える公立図書館が多いことからもよくわかります。これらの公立図書館は一九〇四年の日露戦争に日本が勝利した記念という名目でつくられたものでした。当時は戦争の勝利記念で図書館がつくられていたという事実も非常に特徴的です。

こうした図書館の成立前には、明治期に起きた富国強兵、殖産興業と言われる教科書に出てくるような政策がありました。そして一九一〇年代の図書館は、言うなれば「アジアに進出してくる欧米列強に対抗するだけの国力を備えることが国としての急務」だった時代に生まれています。日露戦争でロシアを破ることで一定の国際的地位を日本が勝ち得たことによって、ある種の安定感があった時代の産物だと私は考えています。

また、同時に大正デモクラシーのような考え方が出てくるなかで、ある種の文化的なレベルを促進させる目的で生み出されたとも考えられます。したがって、ある意味では余裕が出てきた時代に生まれたものだと言えるのではないかと思います。

もちろんいまとはまったく異なる歴史・文化背景のなかで生まれているために、一概にいまと比較することは難しいのですが、図書館はそれぞれの自治体ごとに一定の歴史的経緯をもって成立しているのが原風景なのです。そのため、それぞれが特徴的なエピソードをもち、独自の価値をもっているのです。

そうした多様性の面では、あるいは戦前のほうが豊かさをもっていたのではないかと思います。

3▼▼▼輸入された原風景「無料図書館」

先述したとおり、戦前の図書館はそもそも無料での利用を前提としていませんでした。いまのような無料化された図書館は戦後の公共図書館で成立しました。ここではどうして日本の図書館が無料になったのか、その原風景を追いかけてみましょう。

まずいまの図書館法が成立したのが一九五〇年。四五年の日本の敗戦に伴うサンフランシスコ講和条約を経て、再度独立を果たしていく過程でこの法律は生まれました。

そして、図書館法成立の前にアメリカから教育使節団という「日本の軍国主義的な教育を再考しよう」というミッションをもった専門家たちが日本にやってきました。この使節団は日本側と協働で徹底的に戦前的な教育体制の見直しを進めていきます。たとえばいまの「六・三・三制」と言われる小学校六年・中学校三年・高校三年のような制度、いまの四年制の大学制度の創立も、この使節団に関連して策定されたものです。

あまり注目されていないのですが、その当時のアメリカ教育使節団報告書を読むと、実はその後に制定される図書館法のベースとなる公共図書館のあり方についてもかなり言及しているのです。

少し余談になりますが、私が図書館について学ぶことになった接点こそが、この教育使節団報告書の前提となった英文報告書でした。これを学生時代のゼミで読んだのが図書館の歴史的経緯の深さに感動した瞬間だったのです。このときにアメリカ型の公共図書館思想というものが非常に強く日本に持ち込まれることになります。

アメリカにはやはり「公共図書館の利用は無料が当たり前である」という考え方があるので、当然図書館法でも「図書館利用の無料原則」が成立するようになります。「入館料等」という規定をし、「公立図書館は、入館料その他図書館資料の利用に対するいかなる対価をも徴収してはならない」（図書館法第十七条）という条文がつくられます。これによって、公共図書館に入館すること自体には図書館側からは課金をすることができなくなりました。

さらには「資料の利用に対するいかなる対価をも」と規定しているため、閲覧すること、そして貸し出しに対しても料金を取らないということが成立したのです。もっとも、こうした図書館法で規定していることは、いまではいろいろな面で見直しを検討すべき課題だと言われてもいます。

同時に、入館・貸し出しに課金をすることができないこの仕組みを成り立たせるためには税金を財源として運営しなければならないため、既存の民間図書館は発展的統合をする形で公立図書館に切り替わることになりました。

しかし、一九五〇年の図書館法で一気に日本の図書館整備が進んだわけではありません。体制は整ったものの、市民にとって利用しやすい図書館のあり方についての議論や理論整備への必要性がありました。そうしたなかで、七〇年に日本図書館協会の若手・中堅の方々によってつくられたのが、先述した『市民の図書館』という本だったのです。

同書に対しては現代ではいろいろな批判があります。なかには「現代の日本の図書館をつまらなくしたのは『市民の図書館』が原因なのではないか」と考えている人もいるほどです。

こうした批判については私にも賛同できる部分もありますが、やはり批判というのはそれがつくられた時代状況のなかでなされるべきだと思います。つまり、当時の時代状況のなかでいまと同じ批判ができるのかというと、私は疑問に感じます。

『市民の図書館』がまとめられた一九七〇年当時は、いまのように社会の階層化が進んでいたとは言えないと考えられます。生活水準はいまより圧倒的に低く、お金持ちは本当に一部に限られていました。当然、いまのように明確な上流・下流が分かれているような時代ではありませんでした。

そうした時代のなかで、誰もが図書館を利用しやすくするということを掲げた『市民の図書館』の価値は大きかったと考えられます。たとえば同書では「市民が求める本をどんどん貸し出すことを重視しましょう」といった考え方が非常に強く述べられています。そして、子どもがもっと図書館を利用できるようにと「児童サービスを強化すべきである」という考えを打ち出していました。これは高度経済成長期の後期にあたる日本、そして第二次ベビーブームの団塊ジュニア世代にとっても非常に重要な政策だったと考えられます。

また、「とにかくたくさん貸し出しをすることが大切である」ということも明確に打ち出していきました。これはいまでは「貸し出し至上主義」と批判されることもありますが、図書館という存在の社会的な認知拡大のためには欠かせないプロセスだったのではないかと思います。この施策を推進したことで、市民の誰もが「ほしい知識や情報を図書館において入手できる」ということを前提にできる社会を生み出すことができたとともに、戦前に比べて図書館の意味を圧倒的に押し上げました。学歴や職歴や社会的地位にかかわらず、誰もが図書館を使えるようになったというのは非常に重要なことです。

『市民の図書館』は、まさに時代の要求に図書館がいかに応えるか、その模範解答を示した本だったのだと私は思います。物事を前進させるものは常にメリットとデメリットがつきまとい「功罪相半ばする」ものです。その当時では『市民の図書館』が、図書館を大きく発展させていくエンジンになったというのは、まちがいのない事実でしょう。

4▼▼▼二冊目の『市民の図書館』を探して

いまの図書館のあり方に至るまでの発展は、図書館という仕組みの画一化なくしてはありえなかったと先述しました。『市民の図書館』は、その当時の図書館司書にとっては、斬新でバイブル的な存在でした。その思想が強く広まった結果、負の遺産として増えて残ってしまったのが、紋切り型の、まるでコピーされたような図書館たちでした。

しかし、だからといって『市民の図書館』を悪者扱いするのは早計だと私は思います。

たとえば、マクドナルドというファストフードチェーン店を考えてみるとわかりやすくなります。おそらく、全国に一軒だけマクドナルドができたとしても、私たちの多くはそれを日常的に利用しようとは思いませんし、不便です。そんな方法ではマクドナルドはいまのような展開をなしうることはできなかったでしょう。

マクドナルドが成功したのは、創業者たちが「世界各国どこに行っても同じクオリティーの味を提供できること」を重視したからです。これは産業のオートメーション化にも関連しますが、品質保証の最低ラインが世界規模で標準化でき、安定的に運営されていることが非常に重要なことです。

図書館にとっても同様であり、ある地域の図書館に行ったら本を貸し出してくれないだとか、あるいは料金を取られるといったことがあってはいけないわけです。日本国憲法に「すべて国民は、健康で文化的な最低限度の生活を営む権利を有する」(5)とあるように、日本ではどこの地域に生まれ、どこで暮らそうが、等しく最低限の文化的な生活を送れる権利を保障しているのです。ほぼ全国の図書館が「最低限」のサービスの標準化に成功し、市民がそれらのサービスを等しく受けられるようになったというのは、社会的な大きな功績だろうと思います。

私たちはむしろ、どうして『市民の図書館』の二冊目が生まれなかったのだろうということを疑うべきではないかと思います。『市民の図書館』は一度増補改訂版が出ているのですが、基本的には一九七〇年に考え方が社会に提示され、広く共有されていき、七〇年代の十年間を通して全国に固定され、八〇年代、九〇年代と受け継がれていったものです。その間、たとえば武雄市図書館のように、それぞれの図書館では画期的なことが試みられてきましたが、図書館は『市民の図書館』がそうしたように自らの存在意義を問い、エポックメイキングな革新をおこなってきませんでした。
私たちはそろそろ新たな時代の『市民の図書館』をつくらなければならないのではないでしょうか。そしてそれは日本図書館協会が独力でつくるのではなく、本当の意味で市民とともにつくらなければならないのではないでしょうか。

注

（1）「〔武雄市図書館は：引用者注〕新刊の書籍売り場と貸し出し図書（約二十万冊）が併存するユニークな空間だ。リニューアル費用はシステムなども含め約四億五千万円、設計は宮原新氏の手による」（「佐賀県武雄市・樋渡啓祐市長インタビュー【前編】やっぱり政策は商品だ 理念なんてあっちゃいけない」「ダイヤモンド・オンライン」〔http://diamond.jp/articles/-/56858〕）

（2）「千代田図書館」（http://www.library.chiyoda.tokyo.jp/facilities/chiyoda/）［アクセス二〇一四年十月二十五日］を参照。

（3）「全国図書館大会2011　第1分科会　市民の図書館」（http://www.jla.or.jp/rally/bunkakai/section1/tabid/244/Default.aspx）［アクセス二〇一四年十月二十五日］を参照。

（4）「大日本報徳社をご存じですか？」（http://www4.tokai.or.jp/dainihonhoutoku/F2.htm）［アクセス

二〇一四年十月二十五日]

（5）「日本国憲法（昭和二十一年十一月三日憲法）第二十五条」（http://law.e-gov.go.jp/cgi-bin/idxselect.cgi?IDX_OPT=4&H_NAME=&H_NAME_YOMI=%82%A0&H_NO_GENGO=H&H_NO_YEAR=&H_NO_TYPE=2&H_NO_NO=&H_FILE_NAME=S21KE000&H_RYAKU=1&H_CTG=1&H_YOMI_GUN=1&H_CTG_GUN=1）［アクセス二〇一四年十月二十五日］

第４章
「足で見る」図書館

1▼▼▼いろいろな図書館を知ることが〝ライブラリーリテラシー〟を上げる

目立つ新設図書館ばかりに目を奪われていても、よりよい図書館をつくることはできないと先述してきました。つまり、「隣の芝は青い」です。しかし、そもそも隣の芝の色を知らなければ自分の家の芝の青さもわかりません。ここでは少し議論を変えて、隣の芝から自分の芝の色を知ること、つまりいろいろな図書館を知ることを通していかに〝ライブラリーリテラシー〟を上げるかを話していきたいと思います。

本当にすばらしい図書館をつくるためには、本当にすばらしい図書館を知っていなければなりません。多くの人は自分が住んでいる地域や自分が通っている地域の図書館のことしか知らないものです。日頃の業務を考えれば、手を広げ足をのばすにも限界があります。しかしそれを「図書館像」として自分のなかにもってしまい、すべての基準にしてしまうと、ときに判断を誤ることがあるかもしれません。

「コピーされたような図書館」と先述しましたが、実際にさまざまな図書館に足を運んでみると、さまざまな建築やサービスの工夫などに気がつくことができます。形は似ていても、その方法には多様性があるのです。図書館というものは空間があって成立しているものですから、それらを情報として知っているだけでは物足りません。要するに、行ってその目で見るということが最も重要になってくるわけです。

たとえばよく言われることですが、図書館の本当の価値は地域資料、いわゆる郷土資料にあり、その地域について本当に万全に調べられる体制が整っているかどうかにあるという考え方があります。

どこにでもあるようなベストセラーの〝売れ筋〟系の本や文学系の本しか置いてない図書館に対し、その地域のことをしっかりと調べられる図書館は、やはり魅力的で個性があります。

たとえば私が長崎県東彼杵《そのぎ》町の図書館に行ったときのことです。その図書館自体は小さく、予算も厳しいであろうことも容易にうかがえました。しかし一冊、目を引く本と出合いました。その本は、東彼杵町から戦時中に出征した兵士だった人たち、戦後を支えた人たちの手記を集めた本でした。こうした本は、その東彼杵町や周辺でしか出回っていない本であり、その地域の戦時中のことについて調べようと思ったときにまず参考にすべき資料になることはまちがいありません。

見た目に派手なところはありませんが、とても魅力的な図書館であり、図書館としての仕事をきちんとこなしている司書がいるのだろうなと感じました。

また、たくさんの図書館に足を運ぶと、自分がもっている図書館像が揺らぐ瞬間があります。「うちの図書館でも、こんなことだってできるんじゃないか？」という、いろいろな視点を得ることができます。たとえばわかりやすい例で言うと「電源を貸してくれる図書館」です。

私はデスクワークなどの仕事ではあまり図書館を使いません。それは多くの図書館が電源を貸してくれないからです。パソコンを仕事で使っている人にとっていちばん重要なものは電源です。その次に必要なものがインターネットのWi-Fi環境です。多くの図書館ではこの二つを提供してもらえないことが多いため、私は仕事ではあまり図書館を使わないのです。

そんな私が全国各地の図書館を巡っていると、電源を貸してくれる図書館にめぐり合うことがあります。私は「図書館は電源を貸してくれない」と思い込んでいますから、それこそ「こんな図書館もあるのか！」と感激してしまうわけです。日本全国どこに行っても公共図書館で電源を貸してくれるのだったら、それこそ全国の公共図書館を自分のオフィスにしようと思うほどです。

これが、たとえば自分が住んでいる地域の図書館で電源のプラグのところに「使用禁止」と書かれていて、その図書館しか知らないとしたら、図書館すべてでそれが当たり前だと思ってしまうものです。しかし、いろいろな図書館を見てみることで「使ってもいいですよ。全然問題ありません」というところと出合うことで発想が変わり、その後の行動が大きく変わるのです。自分が見ている世界というのは案外狭いものです。

また、特に図書館の場合は公共施設ということもあって、「そう決まっているのならそういうものなのだろう」と考えてしまいがちになります。それは利用者もそうですし、なかで働いている司書にとってもそうだと思います。また利用者にとっては「まあ公立施設だから仕方ないか」と思って諦めの気持ちが生まれ、図書館を使わなくなるとも言えます。

この双方が悪い方向にスパイラルすると、社会の変化に追いつけていない、利用者にも支持されない図書館が生まれてしまいます。これをよいスパイラルに変えていくには、ほかの図書館のあり方を見てアイデアを見いだすことが必要です。つまり「公共施設だけど、こういうこともできるんじゃないか」という選択肢を増やす努力をするということです。そうすると利用者も「公共施設なのにやるじゃないか！」と思って、図書館をどんどん使ってくれるようになります。

もちろん、図書館側の苦悩も深く理解します。電源の例で言えば「電源を提供することが利用者のメリットになることは理解するが、公の施設で、税金を使って払っている電気料を、特定一部の市民だけが使えるようにしていいのか？」というジレンマがそうです。こうしたジレンマは公務員としてもつべきセンスから生まれているとも言えます。しかし、だからと言ってそれがそのまま一律禁止にする根拠にもならないはずなのです。

公の仕事で重要なのは、市民にとって機会の平等を保障することであり、「誰もが望んだときに極力使えるようにする」というスタンスをとればつじつまは合うはずなのです。

たとえば、コンセントの数が少ないことが特定の人だけに電源の利用を制限してしまうとしましょう。そうであれば、特定の人だけが得をすることにならないように「三十分間限定」という制約を設けることによって、ほかの人も使えるようにするといった工夫ができるでしょう。こうした配慮さえあれば、公平性の原則は崩れません。

そうしたアイデアについて知る機会というのは、やはりほかの図書館を見にいくことなのです。

自分が使っている図書館ではできていることが、ほかの図書館ではできていないこと。一方で、普段自分が使っている図書館ではできていないことが、ほかの図書館ではできていることを知ること。いろいろな図書館を幅広く見ていくことによってこそ、気づきうるものがあるはずなのです。

2▼▼▼質は量から生まれる

それでは具体的に、私がどのように図書館を訪れながら、日本全国を飛び回っているかを話していきます。

まず、どこか有名になった図書館や、新しい試みをしている図書館を見つけたらすぐにアポイントをとり、現場へと向かう……というやり方はしていません。

有名だったり斬新な取り組みが注目された図書館には、すぐに多くの人々が〝詣で〟るものですが、そうしたやり方をして、自分の地域の図書館に役立てようとしてもあまりいい結果は得られないことが多いように感じます。それこそ先述しましたが、「よい図書館がうちのまちにほしい」と「武雄市図書館のような図書館がわがまちにもほしい」という話とは、まったく違う話なのです。

いろいろな自治体が新たに図書館をつくるときには、いわゆる行政視察をしています。それこそ武雄市図書館にもたくさんの議員が詣でています。しかし、話題になっているものをいくつか見て回るだけではまったく意味がありません。それは単なる物見遊山旅行であって、図書館の本質を理解することはできません。

私が図書館探訪で重視しているのは、図書館にはどんな形がありうるのかという、いわゆる「図書館の生態系」の調査であり、どんな多様性があるかの観察です。仮に武雄市図書館が多様性の先端にあるとした場合、平均的な図書館から武雄市図書館までの間にはどんな図書館の生態があり、さらにそれらはどの方向に進化しようとしているのか、どんな進化が必要なのか、武雄市図書館の先にはどんな図書館があるのか、そして、市民はどういった進化こそを望んでいるのか、その全体像を把握していくことを大切にしています。

そんな私の戦法は、とにかく「たくさんの図書館を、網羅的に見る」ことです。私は年間で、図書館だけで三百館を訪問しています。単純計算で一日一館ペースで足を運んでいるのです。

まず講演などの仕事で出向いた先、さらにはプライベートな旅行、少し遠出した休日でも、思いついたらiPhoneで地図アプリを立ち上げて「図書館」と入れて近隣を検索します。そうして現在地から行ける図書館を探し、片っ端から足を運ぶのです。

「Google Maps」の場合、「図書館」で検索すると、図書館あるいはそれに類似・関係するものを横断的にすべて検索して提示してくれるので、ある意味「本のある場所」を通してまち全体を眺め、そのまちと本の関係を俯瞰してみることを可能にしてくれるツールになるので便利です。

とにかく私は、そこに図書館があり、行ったことがなければ直ちに足を運ぶのです。一見非効率に思われるかもしれません。しかしこれが最も効率がいい図書館探訪の方法なのです。

そもそもすべての要素が総合的によいと評価できる図書館は存在しえません。どんな図書館だって部分的にいいところがあるはずであり、課題を抱えています。それらをできるだけたくさん見ることが図書館探訪の目標です。そのために重要になるのが「質量転化の法則」です。

これは私の前職であるヤフーのころからのポリシーでもあります。たとえば私が「Yahoo! 知恵袋」の開発に携わっていたとき、サービスをリリースすると、たちまち「『Yahoo! 知恵袋』はQ&Aの品質が低い」とさんざんメディアに言われ続けました。さらにプロジェクトのメンバーのなかからも似たような批判の声が上がりました。

私がそのときに一貫して説いたのは、「たとえば十万のすばらしい知識を集めることに苦戦するより、まずクズ知識でもいいので何も考えずに千万を集める仕組みをつくり、そのなかからよりすばらしい百万を選び出したほうが効率面でも質の向上面でもいい」ということでした。その結果が成功に至っているのは、いまの「Yahoo! 知恵袋」を見ればわかると思います。無作為の集団から、本当にすばらしい十万個の知識を厳選して効率よく集めることは、数学的に考えれば無謀な理想論でしかないのです。

図書館の場合も同様で、十館のすばらしい図書館に出合いたいとすれば、まずは百館の図書館に片っ端から行けばいいのです。非数学的な〝エセ効率〟を重視してしまうと、すばらしい図書館に出合う確率を逆に下げてしまいます。また、最初にアタリをつけて回ってしまうと、「隠れた名図書館」にも出合えなくなってしまいます。たとえば、いわゆる条例上の図書館がない自治体の、公民館の付設図書室など簡単に見落としてしまうでしょう。「そんな小さくて目立たないところに、すばらしい図書館があるはずがない。ほかにもっと見るべきところがあるだろう」と。しかし公民館の図書室でさえ、本当にすばらしく配慮され、必要最低限の機能を完璧に備えている、図書館として高い完成度を誇っているところがあることを私は経験から知っています。

私は図書館を知ることが本業でもありますから、これだけ動き回ることができるのかもしれません。しかし優れた図書館の司書は、たいてい私と同じようなやり方で方々の図書館巡りをしているのです。これも私がひたすらに図書館を巡っているうちに知りえた事実です。

3▼▼▼すべてがすばらしい図書館なんて存在しない

私がたくさんの図書館を見にいくようになってわかってきたことは、「すべてがすばらしい図書館があるなんて思ってはいけない」ということでした。すべての要素において、百点満点をとれる図書館は存在しないということです。そこで私は「どんな図書館にも、必ずどこか一カ所はよい点、市民に根ざした工夫をしているところがあるはずだ。それを探すことが大切だ」と考え、企画したのが定期刊行雑誌「LRG（ライブラリー・リソース・ガイド）」（アカデミック・リソース・ガイド）の目玉企画「図書館百連発」です。

この特集は、さまざまな図書館のアイデアや日常の運用の工夫を集め、一アイデアを一発と数え

写真5 「LRG（ライブラリー・リソース・ガイド）」創刊号（2012年）の書影

て百連発分を写真付きで紹介するというものです。どんな図書館にでも、ときに全国に誇れるほどのいい工夫はあります。それはやはり、その図書館の司書が日夜いろいろなことを考えて取り組み、現場での実用の〝知〟を育み続けているからにほかなりません。

張り紙の留め方、配布物の置き方、あいさつの仕方、館内サインのつけ方一つでもいいのです。その図書館にとって何気ない工夫が、ほかの図書館にとっての画期的な「気づき」になればいい、そう思ってはじめた企画でした。

たとえば熱海市立図書館では、図書館の角々に熱海市の美術館で現在開催されている展示会の情報が掲示され、関連図書が置かれています。市民にとってそれは図書館から美術館へ通じる「小窓」になります。

小さな工夫ではあります。だからこそすぐに真似できます。小さな工夫ですが、少しでも美術館に足を運ぶ市民が増えるかもしれません。それは小さな喜びかもしれませんが、積もり積もれば、図書館の大きな文化的貢献を生み出します。こうした小さな工夫を探す視点こそが、図書館探訪を楽しくする重要な工夫になると思います。

また、こうした視点は私が考える図書館づくりのうえでも非常に重要なものです。もちろん図書館づくりでは、理念を決定づける大きなビジョンを決定し、最適な機能・工夫をどのように盛り込んでいくかをトップダウンで考え、全体を統合していくのは大切です。しかしその一方で、大きなビジョンに最適な機能・工夫を「さあ、発想してください！」と言われても骨の折れるプロセスになります。

さらに大きなビジョンによるトップダウンで図書館づくりを進めすぎると、「図書館の機能を提供する側」の論理ばかりになってしまいがちです。大きなビジョンも大切ですが、小さな機能・工夫を積み上げていき、経営学的に言えば、個別最適化を徹底し、ボトムアップによる全体最適化を図るという、いわば「小さなビジョン」も併せ持つことが大切です。ときに、大きなビジョンだけでは全体最適化にたどり着くことが逆に困難になってしまうのです。

もちろん「現場の知が絶対的な価値だ」と、小さなビジョンだけでは真にすばらしい図書館にはたどり着けません。しばしアカデミックで知的営為的な全体的な大きなビジョンをもちながら、「現場の知」としての小さなビジョンを併せ持って図書館づくりに当たること。その両輪が回っていかなければならないと私は感じます。

そして、その両輪のうちの小さなビジョンの部分に関しては「図書館それぞれの小さな工夫や小さな違いをたくさん見いだすこと」が決定的に重要なはずだと思います。そのためには有名なところだけではなく、名もなき図書館も含めて日頃からきちんと見て回ることが基礎体力づくりになります。

有名な図書館でできていないことが、名もなき図書館でできていることだってたくさんあるのです。それらがすべて自分の図書館のためのヒントになります。

私もいままで相当な数の図書館に足を運んでいますが、ひとつとして、なんの発見もない図書館はありませんでした。図書館以外の文化施設についてもそうですが、強いて言えば「ここを少し変えればすごくよくなるのにな」ということも含めて発見すべきことは無数にあるものです。

4▼▼▼「アポなし訪問」の壁と図書館の閉鎖性

いろいろな図書館を探訪してほしいという気持ちなのですが、どうしても探訪する時間がなく、限られた時間のなかで最大の効果を出せる図書館探訪をしたいという方に向けて、訪問する図書館の選び方について少し話します。

よく「行政視察としてどこの図書館を見にいくべきか」という相談を受けます。そのとき、私は自分が所属する自治体と人口規模・面積、産業構造などが似ている市町村にある図書館を選んで行ってみることをお勧めしています。「自分の市町村区同じような立ち位置にある地域はどんな図書館を模索しているのか」を見ることが図書館づくりには大いに役立つからです。

また、私も徹底できているわけではありませんが、一つの自治体のなかに複数の図書館がある場合は、基本的にはすべての図書館を見て、本館と分館の関係性・役割分担を観察するべきです。中央図書館をもっている図書館の場合、中央図書館と分館がどのように連携してサービスを展開しているのかが非常に重要になってきます。特に政令指定都市に多いのですが、たいていの中央図書館は建物が非常に立派ですし、サービスも地域のなかで最もいいものです。一般的な視察でもそうですが、中央図書館だけ見て「わあ、立派だ」と思っても、その地域の図書館の機能を半分も理解できないばかりか、正しく評価して参考にすることもできません。

たとえば、図書館政策や全国の図書館づくりに関わっている慶應義塾大学文学部の糸賀雅児教授は、本館・分館を含めて非常に丹念な取材研究をし、適切な評価をしている一人です。

糸賀教授は、優秀な図書館として大阪市立中央図書館を強く推しています。そのいちばん大きな理由は「市立中央図書館で使えるオンラインデータベースは、区内のどの図書館でも使える」という点でした。そうした高機能で運用コストが高いデータベースは中央図書館でしか使えないのが一般的ですが、大阪市は区全体の図書館機能で実現しているのです。これが図書館の機能としてすばらしいと糸賀教授は評価したわけです。

分館も含めて徹底的に歩いて見ているからこそ気かれた点だと思います。ちなみに大阪市立中央図書館は、二〇〇九年の Library of the Year を受賞[1]しています。

　また、私がもう一つ重視しているのが「必ずアポなしで行く」ということです。アポイントをとって行く視察は、やはり見にこられる図書館側は身構えます。つまりそこで目にするのは、往々にして「よそゆきの顔」なのです。それはときに、市民に見せている顔ではないかもしれません。そんな顔を見ることが、図書館探訪の意味ではありません。

　したがって私の場合はすべて、ふらっと立ち寄る「アポなし訪問」です。突然やってきてあちこち観察していると、やっぱり奇襲攻撃のようでもあって、図書館で働いている方からすると少し戸惑うかもしれません。その点はもちろん理解しています。

　しかし実際の市民は日々、そうやって利用しているわけです。市民一人ひとりがわざわざ「今日は図書館に行きますから」と予約をするわけではありません。同時に図書館側も市民が来るからと言って変に身構えてもいないはずです。それでも、図書館は市民に見られているのです。私も、図書館のことが好きで調べていて、いろいろ見て回りたい一市民でもあります。

　地域の人たちが普段利用している実態を知るためには、やはりアポなしで行くことを、私は行政の方々にも推奨しています。もちろん、いまの行政視察の手続き上もアポなし訪問は相性が悪そうですが、私は、図書館視察がもっとカジュアルにできるようになることが、これからの図書館のあり方を変えていくのではないかと感じています。

また、これはお願いでもあるのですが、私が「図書館内の設備の写真を、利用者の方は写らないようにして、撮らせていただけませんか？」と依頼をすると、断られる図書館がありました。最近は「図書館関係の雑誌を出している会社です」と交渉して、協力していただけることが増えましたが、それでも断られる場合もあります。もちろん突然の訪問・お願いに驚かれた結果ということも推測しますが、図書館というものは公共施設です。本来その場は法的に不適切なことをしないかぎりにおいて、写真撮影が問題になることはないと思います。

これは図書館の方にぜひ慎重に考えてほしいのですが、図書館のさまざまなノウハウを共有し合うためには、やはり写真があったほうがいいのです。

図書館関係者と市民がお互いに成長していくためには、やはりオープンであることが大切だと思います。お互いにオープンに関わり合うことが増えれば増えるほど、これからの図書館のあり方も大きく変わってくると私は思います。

注

（1）「Library of the Year 2009」（http://www.iri-net.org/loy/loy2009.html）［アクセス二〇一四年十月二十五日］を参照。

第5章 「まち」から生まれる図書館、図書館から生まれる「まち」

1▼▼▼「まち」から生まれる図書館

いまはまちづくりのプロセスで図書館が注目されることが増えているように感じます。ここでは、まちのなかにある図書館の機能・存在意義だけではなく、図書館とまちづくりの関係性を見ていきましょう。

毎年秋に横浜で開催されている図書館総合展という図書館業界の一大ビジネスショーがあります。この図書館総合展では例年百本ほどのフォーラムが開催されています。このフォーラムのテーマの変遷を見ていても、この数年は「まちづくりと図書館」といったテーマがすごく増えてきています。

さらに「まちづくり」と言っても少し前の世代とはニュアンスが変わってきています。たとえば「まえがき」で先述した横浜市の金沢区の図書館は、私の母親の友人たちをはじめとする市民が住民請願をしてつくった図書館でした。一九七〇年代から八〇年代に発足した図書館の多くは、ある種の「地域の豊かさの象徴」という認識が強かったと思います。当時はまだ人口が拡大傾向にあり、子どもの数がまだまだ増え続けている時代でもありました。「市民の図書館」という考え方に沿って、図書館が整備されていることが都市・まちとしての望ましい要件だと考えられていたと思うのです。

一方で最近は「図書館は都市・まちとしての望ましい要件だ」という考え方よりも、図書館の集客力をまちづくりに生かすことに期待が高まっています。人口減少・高齢化社会に突入し、すべての都市が少子化し、地方の市町村が過疎化していくなか、特に大型商業施設というアプローチがほぼ成功しなくなっている地域・地方で、集客力をもつ図書館が注目されるというのは必然的です。また、船橋市を中心に民間団体が取り組んでいる「民間図書館を設置しよう」といった動き、あるいは「まちライブラリー」と呼ばれる小さな本棚を、町中の自宅・カフェ・オフィスなどに設置しようという動きも、まちづくりの流れのうえにある図書館の形です。

これからの図書館づくりを考えるとき、いまはそうした「まちづくりのための図書館」という時代背景のうえに、絵を描いていく必要があることを念頭に置いておくことが必要です。

そのうえで、地域で「自分たちで図書館を整備していこう」、あるいは「自分たちのまちの図書館をもっとよくしていこう」と考えていくとき、真っ先にすべきことは「その地域としての課題は何なのか?」という前提を、まずはきちんと考えることだと思っています。

実際に図書館整備のコンサルティングの仕事をしていくなかで、この前提をきちんと議論しないままに「図書館をつくろう」と考えている人があまりにも多いことに驚いています。行政関係者に相談に来ていただいても、前提がすっかりと抜け落ちている。無邪気にも「うちにも武雄市図書館のような図書館がほしい」と言ってしまう。その言葉は、図書館施設の耐用年数のこれから三十年先、そしていまの市民のことを本当に見て発せられているとはとても思えないことが多いです。

この日本で、「ひとつとして同じ図書館はなく、ひとつとして同じ自治体はない」以上、単純によそにあるものをもってくればいいわけではない。その地域のオリジナリティーがあるものをつくっていく必要があるのです。それも奇をてらってオリジナリティーを出すというわけではなく、その地域に本来あるべきオリジナリティーを引き出して図書館に反映することが必要です。そのためには、「その地域における本来的な課題は何か？」ということが徹底的に考えられる必要があるのだろうと思います。

2▼▼▼都市総合計画は、図書館のあり方を考えるうえでの必須資料

では地域の課題をどうやって知るかです。これは図書館関係者にも市民にもぜひ実践してほしいことなのですが、まずは自治体の「総合計画」を読んでほしいのです。

一九六九年に地方自治法が改正され、総合計画をつくるということが地方自治体の義務になりました（ただし、二〇一一年に義務規定は廃止されています）。自治体は、基本的には十年間程度のスパンでの「どんなまちにしていくか」という「基本構想」をつくり、それを反映した五年程度の「基本計画」をつくり、さらに三年程度の「実施計画」をつくっています。これらを合わせて総合計画と呼びます。

総合計画をもたない自治体はそうはありませんし、読みたいと思えばすぐに読むことができます。インターネットで「自分の市町村区、総合計画」と検索すれば、すぐに出てきます。

総合計画を読むと、行政は地域の課題をきちんと分析しているのです。人口減少がこの先どのぐらい加速するのか、このまま過疎化を放置するとどうなるか、地域における保険医療費がどのぐらい増えるのか、学校の統廃合はどれぐらい進まなくてはいけないのか……これからの自分たちのまちの姿を、非常に冷静に予測し対策を考えています。これらは主要な政策を決定するうえで必要となるデータですから、信頼性も高いものです。

こうした総合計画をきちんと読んで、その地域で行政が中心になって考えている地域課題が何かということを、まずはきちんと把握したほうが、よりよい図書館構想に近づく第一歩だと私は思います。

図書館関係者が総合計画を読んでいないという実態を知ったとき、私は驚きました。おそらく図書館関係者は行政内で、行政の本流の仕事にタッチしたことがない人が多いからだと思います。これは役所の体制にも問題があると思います。考えようによっては自治体全体の問題でもあります。会社に置き換えてみれば、「会社全体の向こう三年間の事業計画を社員が知らない」ということなのですから。

余談ですが最近、消費税(1)が八パーセントに上がり、二〇一五年十月一日に一〇パーセントへの段階的引き上げがなされる予定です。もちろん戸惑ってしまうこともわかるのですが、これも政府税調という委員会があり、もう長年議論されてきたことです。新聞が「この先は消費税が一〇パーセント、二〇パーセントに上がっていく」と書いているのは、政府税調の方針と基本計画を押さえているからです。さらには、そもそも消費税が導入されたときの基本の考え方として「税制のあり方を根本的に変革させていく」ということを国策として決めています。つまり、今回の増税は、情報を知っている人からすれば予定どおりに事が運んだだけなのです。それを知らなければ、「ええ、三パーセント？　計算面倒。一円玉が増える」という場当たり的な反応になるということです。

その地域の実情を知るという意味では、ほかにもいろいろな方法があります。たとえば私のやり方としては、「Wikipedia」をちゃんと読むことも大きなヒントになります。「「Wikipedia」の不確かな情報なんて……」と眉をひそめる人もいるかもしれませんが、いま、「Google 検索」でトップにヒットするのは「Wikipedia」の情報であることが多いです。つまり、それだけ多くの人が見ていて、さまざまなところで引用されているということです。すべてが正確ではないにせよ、ユーザーが互いに修正し合うこともできるため、大きく不確かなことが起こらない仕組みでもあります。参考にしない手はないと思います。

また最近であれば、その自治体がどのように合併して成立しているのかを調べることも大切です。体制的な問題もあるかもしれませんが、本来は自分の地域によい図書館をつくりたいとすれば、まずはその土台となる総合計画を読まなければ始まりません。なぜなら図書館は重要な都市機能の一つであり、そのまちのこれからの「知」を支える公共施設だからです。

3▼▼▼土地を知り、まちを立体的に理解する

これは図書館探訪にも関わる話ですが、その地域の成り立ちをきちんと知って、自分の足で歩いて土地を知り、確かめることが大切です。

特に図書館の設計や、什器や設備を提供する会社、あるいは司書を派遣したり指定管理をする組織など、すべての図書館関係者のみなさんに、ぜひ実践してほしいのです。そこで暮らしている人間でなければ、しょせんは表層的にしかわかりませんが、いわゆるフィールドワークの徹底はそのまちの理解をより立体的なものにしてくれます。

まちを知りたければ、まず車を使わないことが重要です。私が車を運転できないからというだけではありません。もし私が車を運転できたとしても、図書館探訪には車は使いません。それは、その地域のいちばんの交通弱者の高齢者と子どもは車を使わないからです。まちが守り、育てていかなければならない人たちの行動範囲に合わせてまちを歩いてみるということは、まちを知るうえできわめて重要です。書類に書いてある地域課題がより現実的に見えてきます。それに車の移動では、出発地と目的地の「点と点」の移動になりますが、見て感じながら歩けば、それが線の移動になり、発見も増えます。

あるいは地域住民と同じように駅で降りて図書館へ行ってみる。実際に自分以外にも降りるお客さんはいるのか。年齢はどれくらいのばらつきがあるか。地域によっては下校時刻に高校生の存在をまったく感じないところもあります。

そして駅から図書館までの道々にどんなお店が多いのかを見てみる。たとえば「この規模のまちにしたらパン屋さんが圧倒的に多いな」という場合は、たいてい小麦粉の産地で、水がおいしいという要件があるものです。必ず町並みにはその地域がもっている特性や、秘められた資源が隠されています。それを見ていくと、まちにどんな人たちがいるかがわかり、図書館にどんなサービスが必要かも見えてきます。

さらに地域の人を探し出して、地域の人がいる店に入って話をしてみる。一緒にご飯を食べ、酒を飲みます。私の会社で地方に出張したとき基本的には一泊して帰ります。日帰りはありえません。必ず夜も含め、その地域で過ごします。まちで地元の人が多そうな店に行って、雰囲気を観察します。まちの人がどのぐらい来ているのか。そのなかで店の人と仲良くなれば話をします。

これは実際に日銀でも景気の実感調査でやっているノウハウです。よく「景気がよくなったか、悪くなったか」という指標が発表されますが、あれは実際にまちに密着し、住民にインタビューで「景気がよくなったと感じますか？」と聞いて調査をするのです。それと同じように「最近どうですか？」と話をする。場合によっては地域の食材に関して話を聞いて盛り上げたりもします。

仰々しいインタビュー形式にする必要はなく、日常の会話のなかから地域に関する実感をつかむというのはきわめて重要です。書類やデータからでは、まちは見えてきません。

たとえば先述した海士町へ私は三回ほど足を運びました。三回行くだけでもやはり「外向けに語られている物語の部分」と「現実に抱えている問題」は全然違います。そして、書類だけでは見えてこない、行かないとわからない、その土地のすばらしさにも出合います。山から吹き降ろしてくる風の心地よさなどは、本当に足を運ばなければわからないものです。

あの風にどれだけの人が、あのまちのよさを感じているかわからない。そうしたことを知るためには、足でその地を訪れることが最適な方法です。

とはいえ、時間的制約があるので私も毎回悩みます。ゆっくり滞在し、一館だけをじっくり見学するべきなのか、複数館を巡って施設としての図書館の知見を増やすべきなのか……。いままでの私の経験では、一日あたり三館を超えると、本当に図書館しか見えなくなる傾向があるようです。

4▼▼▼まちの課題はフィールドワークでしか見えてこない

また、その地域の人の特徴を知りたければ、イオン系などの大型商業施設に足を運ぶことが最も近道になることもあります。図書館に人がいなくても、大型商業施設には人がたくさん集まっているものです。平日の日中に大型商業施設がどの程度にぎわっているのかを見るだけで、まちの人口規模を推測することができます。

大型商業施設が成立しない自治体も存在します。過疎化が進んだまちでは、地場のスーパーマーケットを住民みんなが買い支えていて、そのスーパーが撤退したら食料が買えなくなりかねないようなこともあります。大型商業施設の存在の有無から、その地域の消費行動と人口規模が見えてくるのです。

また、都市部でも問題になってきていますが、高齢者が買い出しにいくための交通手段に不自由するという社会問題があります。車を運転できない高齢者たちがどんどん買い物にいけなくなる、いわゆる「買い物難民」の問題です。こうした買い物難民がどのぐらいいるのかも、スーパーや大型商業施設を見ればわかります。たとえば自治体によっては「七十歳以上の方は買ったものを全部お届けします」という宅配サービスをやっているところもあります。この張り紙があるところは高齢者が多く、さらに買い物難民が多いことがうかがえます。

お年寄りが楽しそうに過ごしているのか、本当におじいちゃんおばあちゃんが一人で杖をついてカートを引きながらやっと買い物にいっている状態なのか。あるいは車しか通っていないのか。実際の地域課題を実感しながら掘り起こしていくことが大切です。

それらをふまえたうえで、たとえばその地域は統計に表れている過疎率や高齢化率と、人々がもつある種の幸せの感覚・幸福の尺度がどれくらいの隔たりがあるのか。そうした観察が、図書館をつくる、あるいは図書館をよくしていくとき、地域のどの課題に対して、図書館として解決提案をすべきかということへの重要な指標になります。フィールドワークをしないと、そのまちのもっている本当の課題は見えてこないのです。

図書館は、まずは地域の課題が出発点です。課題が見つからないままに「図書館でまちづくり」とだけ言っても、その図書館は「まちの課題を何も解決できない」という特徴を持ち合わせるだけに終わってしまうでしょう。

5▼▼▼図書館から生まれる「まち」

私はいま、武雄市図書館が、これからどのような地域課題を解決することができるのかを興味深く見ています。

武雄市の場合、自治体合併によって佐賀市が〝ご近所〟となりました。この状態では、若者はどんどん武雄市から都市部の佐賀市へ、さらには日本有数の大都市である福岡市へ出ていってしまいかねない。本当に若者が定着しないまちになってしまう可能性があったわけです。

そうしたなかで武雄市図書館が生まれたことで若者が「武雄市で暮らして佐賀市・福岡市に通えばいいじゃないか」となるのかどうか。それは非常に興味深いことです。

定住促進を成功させた自治体はたくさんあります。たとえば富山県富山市の右隣に位置している

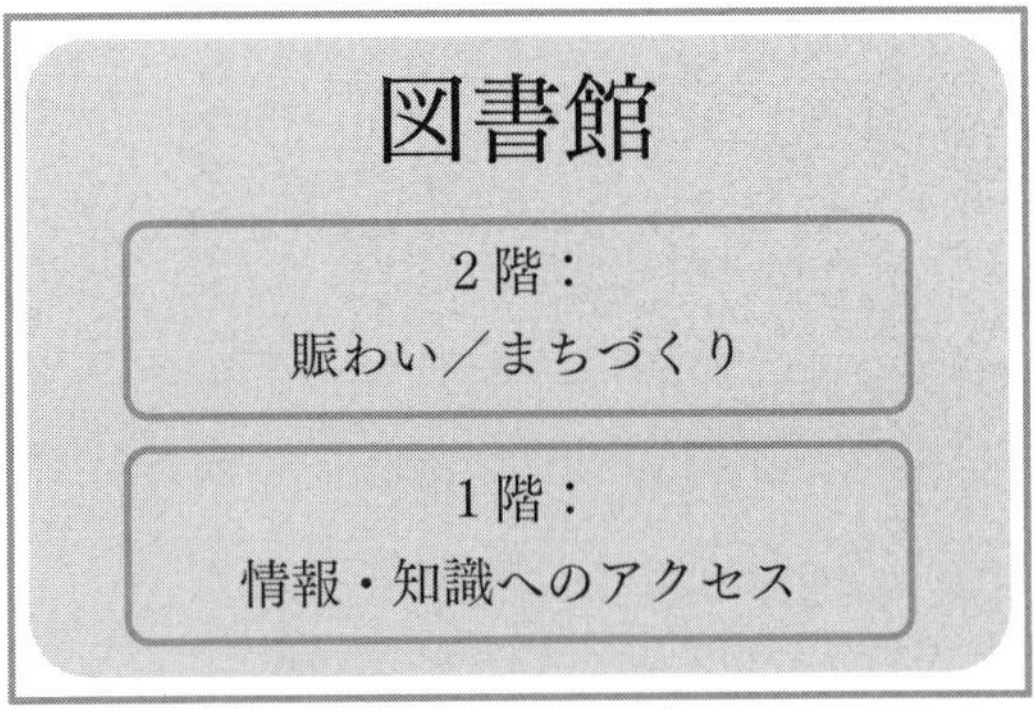

図1　図書館の２階構造

舟橋村。あるいは、いまはオープンデータで全国に知られていますが、福井県福井市の南隣に位置する鯖江市。どちらも人口が増えています。ベッドタウンとしてうまく成長しながら、それぞれで図書館が一つのコミュニティー機能を担い、文化発信・交流機能の拠点となっています。

武雄市の場合は武雄市図書館が本当に地域住民の定住促進や産業振興につながっていくのか。そしてつながれば図書館としてより画期的な出来事となるでしょう。武雄市は病院改革をおこない、教育改革に着手していますが、本質的に重要なのは産業の振興だからです。

武雄市図書館については、施設としては十分にすばらしいものです。一方、図書館機能として評価するにはまだ時間不足ではないでしょうか。私は最低でも三年、長くは十年程度は見なければならないと思っています。そのとき、武雄市図書館から、新しい武雄市というまちが生まれていくでしょうか。大きな期待をもって、見ていきたいと思っています。

繰り返しになりますが、図書館づくりは、地域コミュニティーの課題の解決、発見と不可分です。ただ、気をつけたいのは、図書館は〝二階構造〟になっているということです。

建物は一階があってはじめて二階が存在します。にぎわいをつくるとか地域おこしやまちおこしをするための図書館機能というのは「二階」部分の話なのです。まずは誰もが必要とする本や雑誌、あるいはオンラインデータベースやインターネットアクセス、さらには電子書籍の展開も含めた基本機能の提供が「一階」にあたります。

こうした図書館の基本機能は日本の図書館が、戦前からの歴史のなかで勝ち取ってきたことであり、社会的に保証してきたことであるため、この機能の後退を招く必要はまったくないと思います。たとえ「貸し出し至上主義」などと言われようが、必要とするものを貸し出しも含めて利用できるということが図書館の恒久的な基本機能です。基本機能が正しく用意できたうえで、まさにまちづくりなどの機能としての「二階」の特性をいかに持ち合わせていくかということが大切です。

そうすれば、図書館がまちを支え、さらにまちが図書館から生まれていくことができます。にぎわいをつくるのも大切なのですが、まずはきちんと情報・知識を提供する場であることが重要なのです。

まちをつくる図書館の好例としては、先ほどの鯖江市の図書館が挙げられます。鯖江市はメガネフレームづくりの産業でまちおこしをしてきました。もちろん農業も盛んな市ですが、農業生産だけで持続可能なまちをつくるのは非常に困難なことです。それに日本中の多くの自治体が直面しているからこそ、企業団地をつくって産業誘致を図ったりするわけです。

鯖江市の場合は幸いにして、先人たちの努力によってメガネフレームによる産業形成が集中的に

写真6　鯖江市図書館メガネ関係資料

なされています。世界の二割、日本でなら九割超のシェアを押さえている、まさに日本を代表する産業であり、市にとっての一大産業なのです。

こうした背景を受け、鯖江市の図書館はメガネ関係の資料コレクションをおこなっています。高価な専門雑誌や専門書を図書館が購入することで、メガネ産業に従事する市民が最新のメガネ製造技術やファッションとしてのメガネの最新情報を入手することができるようになっています。これは非常に重要な産業支援であり、まちづくり機能です。

まちの基幹産業である以上、そこに投資をするのは自治体として当然です。特にメガネ産業の場合はそもそもの成り立ちの経緯から中小企業が多いのです。潤沢な経営資源をもつわけではない中小の専門事業者にとって、高価な資料を無料で読める場所があるというのは大きなアドバンテージになります。

また、税の負担原則から言ってもとてもフェアなやり方です。まちの貴重な納税者であるメガネフレーム事業者が読めるように、みんなの税金で資料を買って使えるようにしている。産業振興という地域の課題にうまくマッチしています。

また、鯖江市長も図書館のことは高く評価していて、いま、市の目玉政策として進めているオープンデータでは「図書館アプリ」も生み出しています。それこそ女子高校生によって構成されている福井県の鯖江市役所ＪＫ課[2]が開発した、スマートフォン向けのウェブアプリケーション「Ｓａｂｏｔａ」です。同市図書館の自習コーナー十一席分の空席情報がわかる「つくえなう！」や、蔵書検索などの機能を備えています。図書館を積極的にまちの政策に関わらせようとし、新しいまちの形を生み出しているわけです。

都市によって課題は多種多様です。たとえば横浜の場合は、以前から横浜の大きな課題となってきましたが、「横浜港の利用促進」があります。そもそも横浜港が、市民に利益として還元される形で使われていなければ、横浜市に港湾局があり、港湾設備の維持に多大な税金を使うというのは市民にとってフェアではありません。しかし、同時に横浜の立地のよさや開港以来の歴史を考えれば、横浜市が港湾都市であることを放棄する選択肢はないのです。そうであれば、横浜港を利用促進し、港湾・船舶関係の産業などにイノベーションを起こしていく課題があるわけです。そこで図書館は、市の港湾・船舶産業従事者がよりよく学べるような資料と学びの機会提供をおこなっていくべきではないでしょうか。

また、最近注目されている「横浜の地産地消野菜」の文脈でいけば、横浜のなかでの農業支援や、戸塚区の酪農家の支援などを、資料と学びの機会提供という形で図書館から仕掛けていくことも可能です。地域課題に対してどのように対応するかをもっと考えて実践していってもらいたいものです。

図書館は地域の「知」の番人です。市民の活動を支え、ときに守り、支援する。それらの機能は、地域の課題をしっかりと把握することで、はじめて力強いものになるはずです。

注

(1)「消費税法改正のお知らせ」(https://www.nta.go.jp/shiraberu/ippanjoho/pamph/shohi/201303.pdf)［アクセス二〇一四年十月二十五日］を参照。

(2)「女子高校生が図書館情報アプリ考案　鯖江市役所ＪＫ課、一般公開へ」(http://www.fukuishimbun.co.jp/localnews/politics/51727.html)［アクセス二〇一四年十月二十五日］を参照。

第6章
さあ、図書館をつくろう

1▼▼▼新設だけが「図書館づくり」ではない

私は「図書館をつくる」ということが、市民や図書館関係者を含む誰にとっても、もっと身近なものになっていくべきだと考えています。もちろん図書館をつくることは一大事業ではあるのですが、そこに市民や図書館関係者が関わることを困難にしているのは、「つくるプロセス」に問題があるからなのではないでしょうか。さらにはいまの「つくるプロセス」が、図書館を新設するためのプロセスに偏りすぎているからではないでしょうか。

本章では、先述してきた図書館の「つくるプロセス」について、より具体的な問題提起と提案をおこなっていきたいと思います。

私たちの会社ARGは、いわば「図書館づくり会社」としてさまざまな図書館づくりのプロジェクトに携わっています。コンサルタントとしてプロジェクトに関わる場合もあれば、図書館の基本計画そのものの作成を受託して手がけることもあります。そうした実務の経験から見たとき、「図書館をつくる」ということにも、大きく分けて二つの種類があります。すなわちゼロから新規館をつくる場合と、武雄市図書館のように既存館をリニューアルする場合です。さらに細かく分ければ、施設のリニューアルというよりは「通常の運用を改善していく」アプローチをとるものもあります。

私が提案していきたいのは主に後者、つまりリニューアルや日常の改善こそが、図書館を「つくるプロセス」での本質として、広く認知されていくべきだということです。

現在の日本には次々と新しい図書館の新設計画が生まれ、新館が建てられています。それは一九七〇年代から八〇年代に建てられた多くの図書館の耐用年数が一斉に切れはじめてきたこと、先の震災によってその安全性が問われるようになってきたことを背景として進められています。

それに加え、「平成の大合併」によって、全国に市が増えたことも図書館増設の大きな要因となりました。合併した町や村が市になった場合、そこには図書館が必要です。最終的には都道府県ごとの条例で決定されますが、地方自治法とそれに準じた各都道府県の都市要件条例によって「「市」となる要件」として「図書館をもっていること」が規定されているのです。また、合併した自治体には「合併特例債」が総務省から降ります。この合併特例債を使い、図書館を建てるというケースも増加しました。合併特例債は、いわゆる「市の借金」なのですが、その七割を国が負担してくれるため、自治体としては非常に使いやすい資金源なのです。

もちろん新しい図書館がまちにできるということは話題づくりにもなりますし、自治体の事業としても規模が大きく、優先されることは否めません。しかしリノベーションやリニューアルをしたり、あるいは日々の運用を改善していくことによって図書館をつくっていくことも、もっと脚光を浴びてもいいと感じています。

たとえば札幌市の中央図書館は二〇一四年四月にフロア改修をおこない、リニューアルオープン[1]

写真７　札幌市中央図書館の「デジタル本の森」

しました。この図書館は、「本の森」をコンセプトに全体が設計されているのが特徴です。フロア改修によって、一階にある「デジタル本の森」の、木の切り株に見立てられた六カ所の電子図書館体験ブースで、電子書籍を読むことができるようになりました。

　また、プライバシーが重視された個人用閲覧席「キャレル席」の新設、本との出合いを提供する「展示の木」を設けるなど、図書館機能の現代化と大幅な利便性の向上を果たしています。

　もちろん、このリニューアルが全国レベルのトップニュースになるかと言えば、ならないでしょう。しかし「図書館をつくる」というときに本当に大切なのは、図書館を市民にとって快適で使いやすい場にするために、手を入れ続けていこうという姿勢ではないでしょうか。

　新規に図書館を建てるということは、行政職員にとって「一生のうちに一度出くわすかどうか」の一大事業です。しかし、それは市民にとっての図書館機能全体から見れば、一つの出来事にすぎません。図書館を継続的に市民にとってすばらしいものにしていくために手を入れ続けていくのも、図書館を「つくる」ことであり、本来的な一大図書館事業なのです。

そうした見地に立てば、新設の図書館を生み出すだけではなく、レイアウトやサービスのコンセプトを改善する小さなリニューアルも「図書館をつくる」ことだということがもっと認知されてもいいはずです。


とはいえ、実際に図書館を運営している司書や行政職員は、日々の業務改善などを通してさまざまな試みをしています。そして図書館のさらなる発展を考えたとき、自力だけでやっていくことの限界も感じていると思います。そうしたとき、外部の協力を得るというアプローチも必要なのではないかと思います。

やはりいまは、図書館はもちろん、各自治体は財政的に非常に厳しい状況にあり、行政職員の数が減っています。そのなかですべての図書館業務をやりきるのは難しいと言わざるをえません。そこで、いわゆる官民連携を、図書館づくりの現場でも実現できるといいと思います。民間事業者側は、たくさんの事例ノウハウをもっています。自治体の「一人の力」で不可能なことも、彼らをうまく活用することで可能になることがあるかもしれません。

2▼▼▼ビジョンがない「基本構想」への違和感

ゼロから新規館をつくる場合の図書館づくりをしていく際に重要な「基本構想」ですが、ここではもっとビジョンやミッションを明確に定める必要があると常日頃から思っています。図書館は貸し出しサービスをし、市民の「知」を司る重要な組織です。そこに求められるのは高度で洗練された経営的な発想であるべきだと思うのです。

第1章でも述べましたが、自治体が図書館をつくる際にはまず「基本構想」を作成する必要があります。そして基本構想に基づいて「基本計画」「整備計画」「実施計画」という計画書を作成するのが定形です。場合によってこれらのプロセスは統合されたり割愛されたりしますが、基本的にはこの四つの書類を行政文書として作成し、必要に応じて議会で議論し、承認を得て、予算措置をしていきます。

現状の基本構想づくりは、市の利害関係者や大学に所属する研究者、県立図書館の担当者、社会教育・学校教育の若手などが加わる委員会によって進められます。委員会ではどんな図書館をつくりたいかということを議論し、それを役所や支援企業の担当者がまとめ上げていくという形をとります。

まとめられた行政文書は、インターネット上で公開されていますので、「図書館の名前　基本構想」などのキーワードですぐに検索できます。

まず背景から図書館の現状が分析され、いまある課題、新しい図書館の考え方や機能、どのような施設を整備し、運用・管理するかが書かれます。経験則ですが、規模や置かれている状況が近い自治体の図書館を調査し、参考にしながら書かれているところがあるようです。

非常に完成された行政文書なのですが、基本構想を見ていると、誤解を恐れて言えば、「当たり障りのない表現」が目立つのです。文章をいくら読んでも、結局のところ何ができるのかがイメージしにくい。もちろん、行政文書という性格上、記載内容に確実を期すための文書的制約はあるかもしれません。しかし、新しく何ができるのか、さらにその図書館があることで市民は何ができるようになるのかが、イメージしにくいものが目立ちます。

こうしたことが、箱物としての図書館づくりの話ばかりになってしまい、「図面から生まれた図書館」を結果的に生んでしまう原因になっているのではないでしょうか。

私は基本構想を練り上げていくときには、ビジョンやミッションを明確に定めることが必要不可欠だと思い、いろいろな場所で話しています。つまり「図書館がつくられることで、市民はどんな恩恵を受け、どのような課題が解決されうるのか」ということをよりわかりやすい言葉で明確に示すことが求められているということです。

たとえば、これは私の前職であるヤフーで教わったことですが、「サービスを企画するうえでは

「VMSO」を考えろ」という経営的発想があります。

V…ビジョン：実現すべき未来。

M…ミッション：使命。ビジョンを達成するためには、どんな使命を果たすべきか。

S…ストラテジー：使命を遂行するためには、どんな戦略が必要か。

O…オブジェクト：評価指標を定めること。

ビジョンとは実現すべき未来のことです。つまり図書館があることによって、どんな未来が生み出されるのかがこれに当たります。まさに現行の基本構想に欠けている要素でしょう。

そしてビジョンを少し嚙み砕き、その未来を達成するためにはどんな使命（＝ミッション）を果たさなければいけないのかを考えます。さらにその使命を遂行するためにはどういう戦略（＝ストラテジー）を実施するべきなのかを策定します。

Vision	あらゆる疑問を解決！
Mission	あらゆる質問と回答が交換・共有される現実の世界以上にリアルに人々とつながるコミュニティーを創造する。
Strategy	（1）Yahoo ！ JAPAN ID を軸にしたプラットフォーム化
	（2）集合知によるソーシャルメディア化
	（3）日本語処理による知識発見の自動化
	（4）利用シーンを問わないコモディティ化
Objectives	○○ PV、○○ UU、○○質問数、○○回答数

図2 「Yahoo! 知恵袋」の VMSO（岡本担当時）

最後は非常にアメリカ的な発想だなと思いますが、ミッションとストラテジーによって、実現すべき未来（＝ビジョン）に到達したということをどのように数値で測定するのか。評価指標を定めようということを謳っています。

たとえば、私が「Yahoo! 知恵袋」をつくっていったときも、ＶＭＳＯを決めて実践していきました。まずビジョンは「「Yahoo! 知恵袋」が存在することによって、世の中のあらゆる疑問が解決される社会をつくりましょう」というものでした。いまも圧倒的に使われるサービスになっているところを見ると、このビジョンはほぼ達成されたと思います。

「Yahoo! 知恵袋」がなかったころ、私は「インターネット＝検索」の世の中に懐疑的でした。検索だけでは人の疑問を解決する方法にならないと考えていたのです。そこで、「人に聞いて解決する」ほうがはるかに洗練されたやり方だと思い、「Yahoo! 知恵袋」の構想を生み出したのです。

このビジョンを実現するためにはミッションとして、「あらゆる質問と回答が交換・共有されて、現実の世界以上に人と人とがリアルにつながるような場をつくりましょう」ということが必要でした。このミッションも、いまの「Yahoo! 知恵袋」で交換されている質問と回答が非常にリアルであることから果たされていると言えるでしょう。

「Yahoo! 知恵袋」はインターネット上の仮想空間であるものの、日常生活よりもはるかにリアルな質問がされています。たとえば嫁姑問題や家族の問題、さらには、現実世界ではもう亡くなっているであろう末期ガン患者の最後の相談までがそこにはあります。現実世界では人に相談できないことが、限定的ではあるにせよ、ネット上の匿名性がある程度担保されたコミュニティーでは可能になる。人々のリアルな欲求が噴出し、質問と回答という形で交換されるのです。

「現実の世界以上にリアルに人と人とがつながるためにはある種の匿名性を担保することが必要だ」「「Yahoo! JAPAN」のＩＤを徹底して使おう」といった戦略が生まれ、実行されていったことで、「あらゆる質問と回答が交換・共有されて、現実の世界以上に人と人とがリアルにつながるような場をつくりましょう」というミッションは果たされたのです。

私が図書館づくりの仕事をしていて不思議に思うのは、こうした環境で仕事をすることに慣れていたからかもしれません。しかし、ビジョンやミッションを定めることなく基本構想というものが描かれていくことには、いまもなお違和感をもたずにはいられません。

「図書館がつくられることで、市民はどんな恩恵を受け、どのような課題が解決されうるのか」、これをまず最初に定め、ＶＭＳＯを策定し実行することが大切なのではないでしょうか。そしてそれこそが、いわゆる〝お役所仕事〟から抜け出す方法の一つなのかもしれません。

3▼▼▼図書館のためのビジョン・メイキング

基本構想などを策定していくためにはまず図書館のビジョンをしっかりと決めることが必要です。ビジョンをつくるうえで重要になるのが、「主語を誰にするか」ということです。現状の図書館を見ていると、往々にしてビジョンは図書館が主語になっている、もしくはビジョンをつくるとしたら図書館が主語にならざるをえないことが多いと感じます。「図書館は資料を収集する」「図書館は資料を保存する」「図書館を市民の利用に供する」といった表現が目立ちます。

写真8　まちとしょテラソ

「それで何が悪いのか」と思われる方もいるかもしれません。しかし、図書館に主語があるかぎり、市民はそのビジョンを自分たちのものにすることが難しくなってしまいます。

市民は「図書館があることによって、自分たちはどういった自己実現や社会参加ができるのか」を知りたいのです。たとえばよく使われているビジョンらしき表現に「市民の情報拠点」などがありますが、もっと市民を主語にして「あなたに何ができる場なのか」「誰から見て、何を果たすのか」という部分を明確に打ち出さなければ、市民は自分のこととして認識できません。

そしてビジョンは「シンプル・イズ・ベスト」です。ビジョンというものは「社是」のようなものでなければなりません。開館したときなどに館内にキャッチフレーズとしてA

4のペーパーで貼れるくらいのものを想定するべきです。

行政としての立場もあるため、一言に集約して物事を言い切るのが難しいことはよくわかるのですが、根幹的な何かを指し示すことが大切なのです。たとえば、いままでに私が提案したものに「この町のシンクタンク」という表現があります。これは小さなまちにある図書館を想定しました。つまり調査研究を専門的におこなうような部署を備えた会社もなく、コンサルティングといった事業自体が存在していないようなまちで、図書館がその役割を担おうとする場合のビジョンです。「図書館はあなたのシンクタンクです」ということです。実例を見ていくと、「小布施町立図書館まちとしょテラソ」では、初代館長、花井裕一郎さんがつくった「交流と創造を楽しむ文化の拠点」というビジョンを掲げています。

このビジョンの主語は町民です。小布施町民が交流と創造を楽しむ場を「文化の拠点」という意味でつくっていこうということです。使う人目線でビジョンを謳っているからこそ、小布施はいいスタートが切れているのだと思います。まさに経営者的発想ですし、花井さんは演出家としてのバックグラウンドをもっているので、見る側の目線をもってビジョンを規定していると感じます。

最初にビジョンをしっかりと決めるのは簡単ではありません。どうやれば決められるかですが、まず一つは、「図書館法をきちんと読む」というのはきわめて重要だと思っています。図書館ができること、できないことを正確に知るためにはまず法律の勉強が欠かせません。

それに加え、その地域で重要な課題・特性を照らし合わせてほしいと思います。たとえば滋賀県の一部の自治体には、いわゆる公民館に近い施設として「集議所」というものがあります。これは人々が集まって議論をする、中世の荘園以来の伝統がある場所です。

こうした文化があり、大人が寄り集まる習慣が地域にあるのであれば、図書館にもその性質は継承されるべきであり、それをビジョンとして謳うことが求められるということです。図書館のビジョン・メイキングはまず、法律の勉強、そしてその地域のことをよく見るということです。

また、自分の地域のことは、住んでいたり働いていたりしているとわかった気になるものですが、「居住者は自分が住んでいる地域のことを、実は誰よりも知らない」というある種の真理も受け入れる必要があります。つまり、自分たちにとっては日常的でも、客観的に見れば非日常的であり、魅力的な特徴に対して盲目になりがちだということです。そうした隠れた魅力を知るためには、いわゆる「よそ者」の視点をもち、客観視する必要があります。「ほかから見たときにどう見えるか」ということも意識しながら、その地域がもっている課題、引き継ぐべき伝統や文化のよい部分をきちんと選んだうえで、その地域だからこそのビジョンをつくってほしいと思います。また、ビジョンを定めておくと日常的なセルフガバナンスが充実します。たとえば私が「Yahoo! 知恵袋」のマネージャーをやっていたとき、プロジェクトのなかではある意味で絶対的な権力をもっていることになります。私がいちばん偉いわけですから、「こうするんだ」と言えば思うとおりになる力関係が生じます。

しかし、ビジョンが全体に共有されていると、これは実際に起きたことなのですが、私がある仕様変更をおこなおうと提案したとき、プロジェクトメンバーから正しい反論が起こったのです。そもそも私が提案した仕様変更は、「大人の事情」があり、真に「Yahoo! 知恵袋」に貢献する仕様変更ではありませんでした。それに対し、プロジェクトメンバーが「我々のビジョンに照らして、それはビジョンの実現になんら貢献をしない。であるからやるべきではない。やるのであれば、それがどうやってビジョンと整合性を保てるのかを説明してくれ」と言ったのです。私はそのとき非常に感動し、このプロジェクトはいいプロジェクトになったと思いました。つまり、このプロジェクトチームは、もはやトップによるマネージメントを必要としない自律的な運用能力をもっているのです。

仕事をしていくとどんなことでも目標と理想との乖離は生じてくるものですが、ビジョンが全体で共有されていれば、自然と乖離を歯止めをしたり、暴走を止める安全弁になったりするのです。また、全体に共有するためにも、まずはビジョンをきちんと明確にわかりやすいひと言で決めておくことが重要です。これからの基本構想づくりには、ぜひ「まずはきちんとビジョンを定める」ということを徹底してみてはどうでしょうか。ビジョンさえ決まっていれば、その後の基本構想を定め、基本計画をつくっていくことに、より一貫性が生まれることでしょう。

4▼▼▼フィールドワークを経たうえで基本構想をまとめる

続いて、決めたビジョンをベースにして、基本構想をまとめていきます。

基本構想には、その地域での図書館の現状と課題、新設（もしくはリニューアル）する図書館の理念、提供する機能・サービス、名称、規模、位置、建設スケジュールなどを具体的に記述しなければなりません。

基本構想をまとめる際は、フィールドワークとデスクワークを行ったり来たりすることが大切です。すなわち、つくりだしたビジョンを外へ持ち出して、まちや市民に対して本当に現実感や整合性をもっているのかを観察し、そのうえで再び机に戻ってきて、基本構想にまとめあげていくという作業です。

まずデスクワークですが、現行のプロセスでは委員会スタイルになっていて、適宜ヒアリングやワークショップを織り交ぜながらつくっていくことが一般的です。

この際に、ぜひほかの自治体の基本構想も詳しく分析していくといいと思います。私たちARGでは全国の基本構想をたくさん集めて分析を重ねています。行政情報である基本構想はインターネットの恩恵を受け、いまや全国のものが開示されますので、集めるのも容易なのです。

ほかの自治体の基本構想を見ていくと、それぞれの自治体がどのような地域の問題を抱え、どのように分析して図書館づくりに対策を講じているかがわかります。自分の自治体と似たような人口・産業構成をしている自治体のものをケーススタディとして参照することで、課題発見と現状分析をしていくプロセスに大いに役に立てることができます。最近であれば非常に参考になるのは合併への対応です。旧町・村に関してどのような分析と課題整理をしているかは大いにヒントになるはずです。

また、先述しましたが基本構想を組み立てる際には、ぜひ都市総合計画にも目を通してほしいと思います。その地域が抱えている課題は、地方自治法が定める総合計画のなかに必ずまとめられています。それらの課題はもちろん、図書館にとっても課題であるはずです。

この基本構想をつくるうえで、私たちARGが最も重視しているのは、やはり「その地域を知ること」、つまりフィールドワークです。私は、基本構想などの文書作成を依頼されたときは、実際にその該当地域を徹底的に歩き回って地域の人と話をします。その地域のことをとにかく知ることを徹底しているのです。

書類仕事をしたり、会議室内での委員会で議論をするだけではなく、誰か「よそ者」を連れてきて一緒にその地域を歩いたり、あるいは地域の人だけで歩いたりします。また、その地域が合併した自治体であれば、それぞれ旧自治体の人をグループに加えます。たとえば三自治体の合併によって生まれているのなら、もともとあった三つの自治体からそれぞれ一人ずつを選んだ三人グループをつくるということです。このグループでまち歩きをすると、多様な視点が生まれます。

また、まち歩きをする際には、参加者一人一台でカメラを持ち、あちこち撮影して回るとなおいいです。カメラがなければスマートフォンのカメラでもかまいません。これを「フォトウォーク」と言います。気になった風景をみんなで写真に撮り、歩き終わったらみんなで見せ合い、お互いにコメントします。住んでいる人にとっては日常の一風景である何気ない曲がり角の風景が、外から来た人にとっては魅力的だったりします。カメラを持って歩き回るだけで、そうした隠れていた地域の魅力を再発見することができます。

こうしたフィールドワークを通して、自分が知っているようで知らない、その地域への理解と関心をきちんと深めることが重要なのです。この土台がないままに書類仕事をはじめても、本当に表層的な話で終わってしまいます。それこそ「あのあたりは田園地帯。あのあたりは穀倉地帯。あのあたりは工場地帯だから……」といった机上の議論で片付けてしまいます。実際の世界は、きれいに線を引いて分けることができません。机上で引かれた線の上を、実際のフィールドワークで歩いていくことによって、その地域がもっている特性が必ず見えてくるのです。

歩いてみれば、「この地域では保育園が若いお母さんたちの重要な社交場になっている」や「空港が実は外から入ってくる人の大きな拠点として機能している」といった発見があるでしょう。こうしたことを、実感としてきちんと知り、基本構想に落とし込んでいくのです。

フィールドワークを経たうえで基本構想をまとめると、実感をもって取り組むことができます。ビジョンもそうですが、外へ持ち出して実際に見て感じて、もう一度机に戻ってきたときに、何をすべきかが明確になるのだと思います。

5▼▼▼基本構想は未来から見た未来を、いまからつくること

また、基本構想を読んでいて、「この施設ができあがるの、楽しみだな」と思えるものと「どこにでもあるものがまた一つつくられるのか」と感じられるものがあります。どちらも行政文書として非常によく練られたものなのですが、期待をもって読めるものと読めないものがあります。期待をもてるものはそのまま、その図書館の「のびしろ」になり、市民にも期待されます。そしてその逆もまたしかりでしょう。基本構想でどれだけ踏み込めているかというのは非常に重要です。たとえば、その地域にとっては理想論にしかすぎないことであったとしても、場合によっては将来的な可能性を予測して構想に盛り込む必要はあります。

実際に基本構想をつくってから図書館が完成するまでには五―十年かかるのは普通のことなので す。順調に進んで、非常に早くて三年。五年はゆうにかかります。さらに市長が変わり、政策が変更されたりすれば十年以上が経過するのもあっという間です。

このように基本構想は、将来に対する提案書のようなものですから、いまからいまに向けて書いても意味がないのです。いまから少なくとも五年後の未来を見て、さらには、五年後の未来からさらなる未来へ向けて書かれていなければ、完成すれば時代遅れの図書館ができていた、ということにもなりかねません。

五年先の未来でも、さらに未来性を感じさせる、そんな時間旅行に耐えられるアイデアこそが基本構想には盛り込まれなければならないのです。

こうしたタイムラグは、美術館の展示企画を考える学芸員やキュレーターの仕事にも観察することができます。たとえば、現在開催されているほとんどの展示会は、学芸員やキュレーターによって、何年も前に計画されたものなのです。

美術館の所蔵品だけで展示会が成り立つ場合を除き、多くの作品をほかの美術館から借り受けなければなりません。場合によってはそれが世界の美術館であることも少なくないでしょう。その場合、数年後の展示にいかに人を集めるかを考えながら、作品一つひとつを交渉して契約し、集めていく必要があります。

こうしたキュレーターや学芸員の最も大きな仕事は未来予測なのです。何年か先に「そのテーマが社会的に受け入れられる余地があるか」を熟考しながら作業を進めていきます。

基本構想をつくるときも、考え方は同じです。五年後、十年後の世の中がどうなっているかを常に考えて書かなければなりません。

たとえば大きなテーマとしてＩＴへの対応があるでしょう。本書を執筆しているいまは二〇一四年ですが、五年前の〇九年の時点で、ここまでスマートフォンが普及することを見越していた人はほとんどいなかったでしょう。Apple はもちろん願望としては抱いていたでしょうが、それでも、まさか携帯電話を駆逐するほどの勢いになるとは誰も思っていなかったはずです。それに関連し、私たちの環境も変化しました。たとえば電車などの「車内での携帯電話の使用」よりも「ながらスマホ」のほうが問題視されているという状況も、五年前では想像もつかなかったことです。

五年先を見越すということは、まさに日進月歩のＩＴ環境の変化に対応できる柔軟性を備えている、もしくは視野に入れられているということが求められるわけです。散見される「ＩＴの活用」や「情報活用の推進」といったような漠然とした書き方ではもちろん不十分です。単なる絵に描いた餅のような「未来予想図」ではなく、正確な読みが求められます。

いくつか、対応をしなければならない事象のうち、避けて通れないものを列挙していきましょう。たとえば「電子書籍」は、五年たてば確実にいまよりも洗練されて進展しているはずです。そうなると、図書館の資料としてどのような扱い方をしなければいけないかも考慮されていなければなりません。

またいま、図書館は音楽資料としてＣＤを、映像資料としてはＤＶＤを収集していますが、五年たてばいまにも増してオンライン配信が前提となって充実し、オフラインで出回る音楽・映像資料が少なくなる可能性さえあります。そうしたオンライン配信に対応するモデルを図書館に盛り込む必要があるのではないかという点も考慮する必要があるでしょう。

さらに、そうしたオンラインコンテンツも個人市場が完全に飽和すれば、必ず事業者はもっと売れる場所を欲するため、当然「図書館向けパッケージ」「学校向けパッケージ」といった団体向けコンテンツが提案され、販売されても不思議はありません。それらへの対応を考えれば「いままで

CDやDVDを集めていたから、今後も引き続きコレクション構築を継続していく」という趣旨のことを基本構想に書いてしまうことが思慮不足であることは明らかでしょう。ここは「配信サービスの動向にも配慮をしながら、オンライン上のコンテンツも視野に入れ、収集を進めていく」と書くべきです。

さらに考えられる技術のなかでは、頭部に装着し、カメラと音声認識を使ってコントロールする新しいコンピュータデバイスGoogle Glassなどの「ウェアラブル端末」が今後、スマートフォンの次に普及が期待されています。さらにはスマートフォンそのものから、ウェアラブル端末へトレンドが移行することが、予測されはじめています。

スマートフォンの事例と同様、五年後のウェアラブル端末の普及状況を考えたとき（もっとも、正確な予測は不可能に近いのですが）、公共空間である図書館が、訪れる変化に対応できる柔軟性を備えていることは重要なことです。

また、自治体の総合計画を読んでみると、全国的な課題である人口問題と高齢化問題は、常に綿密な調査がされています。少なくとも五年後には人口減少がより進行し、高齢化率がさらに高くなっているでしょう。少子化についても、五年後の十八歳の人口はさらに減ることが予測されます。実働世代だけで言えば、超高齢化がより進展するため、そのときにどうするかをもっと考えなくてはいけなくなってきます。たとえば移動図書館というサービスをするとしても「多くの高齢者が、移動図書館車が来ている場所まで来られる」という前提がもはや通用しない時代がくるかもしれません。すなわち「家を出る」ということが困難になり、自宅周辺を回遊することさえ困難になる高齢者の数が激増する可能性があるのです。

また、図書館の運営自体についても熟考する必要があります。現在の社会でも、税金だけで運営していくことが非常に困難なのは図書館職員のみなさんの実感のとおりです。これが将来訪れる高齢化・人口減少社会ではたして持続可能なのかということです。

対策として、たとえば部分的に課金をすることも視野に入れていいのかもしれません。図書館法第十七条では「公立図書館は、入館料その他図書館資料の利用に対するいかなる対価をも徴収してはならない」としていますが、「一切の課金をしてはいけない」とはどこにも書かれていません。たとえば会議室を利用料付きで市民に提供することを収入源として考えることもできるでしょうし、実際にそのような運用をしている図書館はすでに存在します。

「いいアイデアだけれど、もめごとになるかもしれないので書かないでおこう」ではなく、基本構想は五年後、十年後から見た未来をいまから考えるものだということを前提にしてほしいと思います。さらに本来的には、基本構想に書かれていないことが基本計画や整備計画、実施計画の段階になって盛り込まれる事態は避けるべきです。

図書館の未来を考えたときに、本当の意味で役立つこと、市民が必要だと感じている、または求めるであろうことはすべて考慮し、基本構想に盛り込むことが第一義なのです。

6▼▼▼図書館を形に――「基本計画」「整備計画」

基本構想がまとまると、パブリックコメントにかけられ、行政自治体内でなんらかの意思決定の会議にかけられ、市長や教育長がそれを承認し、議会に対しての説明が図られます。それで問題がなければ、次に基本計画の策定に移ります。

基本計画は、基本構想に基づき、実際にどのように図書館を設置していくかを決めるプロセスです。現状と課題に基づき、どのような図書館サービスを提供するか、資料収集と蔵書状況、レファレンスサービスや高齢者サービスはどのように展開するか、目標に対する具体的な施策などをどんどん明記していきます。紙の上ではありますが、図書館が具体的な形になっていきます。

このプロセスできちんと削るものは削り、追記すべきものは必ず追記することが必要になっていきます。ここでは、もっと市民参加型のワークショップをやる必要があると私は思っています。こうした基本計画づくりの仕事を私たちのような図書館づくり会社が請け負うときには「ワークショップを実施すること」という条件もよく課せられます。

しかしそのときに大切なのは、ワークショップは、結果としては「主体形成をするもの」という認識をもっておこなうということです。ワークショップを経ることで市民をはじめとする関係者が自分たち自身がつくり手であると認識しなくてはいけません。

ワークショップの実施ノウハウについては後述していきますが、ただのヒアリングにしかなっていないワークショップが散見されます。基本計画づくりに必要なのはヒアリングではなく主体形成のためのワークショップです。主体を形成するということは、意見を集約しながら、「できる・できない」を明確にし、全員で取捨選択をしていくことが求められます。さらに、「できない」のであれば何が理由になっていてできないのかを詰める必要があります。確保できる用地の広さの問題なのか、あるいは、耐震設計などを考慮した際の建物の大きさの問題なのか、財源の問題なのか、または地方自治法的な観点や公共サービスの観点から見て好ましくないと言えるのか……これらを決定的に詰めて、主体形成をおこなうためにワークショップがおこなわれなければなりません。

市民参加型の図書館づくりやまちづくりでのワークショップの役割は「主体形成（図書館を使う、つくる主体として市民の意識を目覚めさせる）」という側面がより重要だということを念頭に置いておく必要があるのです。

また、基本計画のなかで、普通は「資料整備計画」が書かれます。ここでは、どのような資料を収集していくかという計画が書かれますが、いろいろな自治体のものを見ていて思うのは、ここにも少し特性を出してほしいということです。やはり図書館はどんな資料をもっているか、つまりコレクションがその価値です。したがって、どういった資料の収集に力を入れるのかがここできちんと書かれていなければ、図書館の没個性化につながりかねません。

最低限の水準が保たれたうえで、その地域内の特性が具体的に加味されればよりすばらしい計画になることでしょう。

そして書き方についても、先述したように、必ず主語を市民にしてほしいと思います。すなわち「○○の資料が備えられ、市民が○○の目的による調査研究ができる」といった表現を心がけていってほしいと思います。

こうして基本計画が固まると、行政内や議会への確認、パブリックコメントを経て、「整備計画」に移ります。整備計画では、より厳密に具体化の作業がおこなわれていきます。基本構想と基本計画をベースにして、ある程度の図面が生まれ、図書館が具体的な形になっていくのです。場合によってはさらに「実施計画」という、より細かい計画書が策定されます。

7▼▼▼ハード面とソフト面は切り分けて外注すべき

また、基本計画づくりからは、専門業者に委託される場合が多いです。多くの場合、設計事務所や指定管理を請け負う事業者などが受託します。つまり外部の事業者が、実際の書類作成ごと請け負うということです。

ただ、私は事業者への委託の仕方が本当に正しいのかと疑問に思うことがあります。現状の委託状況を見ていると、図書館のハード面もソフト面もまるごと民間事業者に委託されていることが観察されます。これらは本当に正しいことなのでしょうか。

基本計画づくりから委託される設計事務所ですが、設計事務所のなかで図書館専業でやっているところはさすがに存在しません。そもそも建築士や設計士が図書館のサービスや現状の課題について熟知するのは、特殊な例を除いては業務上不可能だと思われます。

そのため、設計事務所に基本計画づくりから委託されてしまうと、どんなふうに図書館業務がおこなわれているのかをきちんと理解できていない状態で計画書が書かれざるをえません。そうなると当然、現実感に乏しいものができてしまいます。

だから本来は、これがポジショントークに聞こえることは重々承知しながら言いますが、図書館におけるソフトウェアの部分のプロデュースやディレクションは切り出されて外注されるべきです。私たちソフト面のコンサルティングをおこなうARGが、よく設計事務所から仕事を依頼されることがあるのはそのためです。

あるいは自治体がソフト面を主導し、ハード面を設計事務所が分担して進める場合もあります。しかしこの場合も、図書館に特化したコンサルタントの情報力やノウハウをもう少し評価したほうがいいと感じています。経験則的にはやはり、コンサルタントを入れたほうがよい基本計画がつくれるのではないかと思います。

また、その後の施工工程に関わる、つまりハード面の事業者がソフト面も含めた基本計画をつくるのは、倫理的にもよくないことだと思っています。

基本計画を書けば、当然その後の施工工程に関わる整備計画も書きやすくなります。そのため設計業者が、市民ではなく、自分たちが建てやすいように基本計画・整備計画を書いてしまうこともできなくはないのです。もちろん、実際にそうやって図書館がつくられているとは一概には言えませんが、理論上は不可能なことではありません。

これは指定管理を請け負う事業者も同様です。指定管理を請け負う事業者や、図書館にさまざまな備品・什器を納入する会社が整備計画を書いてしまえば、自分たちのサービスや商品を導入してもらうための基本計画書が書けてしまいます。

本来であれば、後工程に対して利害関係がまったくない会社、あるいはそれを誓約できる会社に委託するべきなのではないかと私は思います。

最も問題なのは、現在の図書館づくりのハード面とソフト面の調達プロセスは、自治体によってかなりまちまちだということです。そもそもどんな選択肢があるかという判断材料が乏しいなかで図書館づくりが進められてしまっていると感じています。

私としては、図書館全体をハードとソフトの両面でデザインしていくという考え方が大切だと考えます。ここで言うデザインとは、ただ図面に線を引くということではなく、「ビジョン・ミッションに従ってどんなことをするべきか」を構想のなかで探り、それを具体的な作戦として計画書に落とし込んでいくということです。

そして、こうしたプロセスはやはり経験豊富な専業事業者の領域としたほうがいいでしょう。もちろん「民間企業に丸投げする」という意味ではありません。ノウハウや事例を多数保有している民間企業をうまく取り入れて、図書館のハード面とソフト面の充実化を図ることは大切なことだと思うのです。

注

（1）札幌市の図書館「中央図書館がリニューアルオープンしました」(https://www.city.sapporo.jp/toshokan/info/2014renewal.html)［アクセス二〇一四年十月二十五日］を参照。

第7章

「発信型図書館」のためのアイデアのつくり方

1▼▼▼ワークショップの罠

本章では図書館の運営に役立つノウハウについて詳説していきたいと思います。

まず、市民参加を謳って開催されるワークショップですが、主催者は、効果が上げられているかを正しく評価していく必要があると感じています。

そもそも、訓練された本当のプロがおこなうワークショップに参加すればわかるのですが、ワークショップは、その運営・進行（ファシリテーション）を司る「ファシリテーター」の手腕によって、その価値の大部分が成り立っています。

たとえば、ディスカッションを通してアイデアを出し合う「ワールドカフェ」形式や、付箋にアイデアを書いて貼り出す、集団的な「ブレインストーミング」のさまざまな手法など、最近では問題解決や学び・創造を誘発する仕掛けとして、ワークショップの手法は馴染みのものも多くなってきました。しかし、手法のとおりやったとしても、やはりプロのファシリテーターのような結果を出すことは難しいものです。

たとえば付箋にアイデアを書いて貼り出すという手法も、「なんとなくやった気にはなる」ものの、その結果として出てきたものに主催者・参加者は本当に満足しているでしょうか。

また、ワールドカフェ形式にしても、「いろんな人と仲良くなれたし、自分の思っていることは言えたけれど、あれでよかったんだろうか」という感想が事後アンケートに書かれたりしていないでしょうか。

もちろん、ワークショップは誰でも簡単にできて、一定の効果を出せるというのがその最大の利点ではあるのですが、図書館づくりのように具体的なアイデアを市民とともに創造していくことが求められる場合に用いる際には注意が必要かもしれません。

まず、往々にして起こりうるのが「ワークショップという名のヒアリングをおこなったにすぎない」という状況です。図書館関係者だけではなく、社会の多くの人がこのワークショップの罠に陥っていると思うのですが、「何十、何百ものアイデアが出てよかった!」「活発な議論が展開されてよかった!」といったワークショップは、基本的には失敗していると思っていいでしょう。たくさんのアイデアが出るのもいいことですし、活発な議論がおこなわれることも、それ自体はいいことでしょう。しかし、構造化されず整理されていない意見をいくらたくさん集めて活性化させたところで、意味がないのです。もちろんまったく意味がないわけでは決してありませんが、それは本来のワークショップではなく、単なるヒアリングにすぎません。

ワークショップでのアイデア創造で大切なのは、集団のなかでアイデアが構造化され、集約されること。つまり、一人のアイデアが全員のものになっていくワークショップの過程のなかで「一人ひとりが意見を出し合ったからこそ多様化したアイデア」と「一人では考えつかなかった、まさに求めていた唯一のアイデア」を同時に達成することに意味があるのです。

ワークショップと言えば「自由に意見を出し合う場」というのが先行しがちです。しかし、ものづくりの文脈で言われることですが、「なんでもできる、自由であるということは、何もできないに等しい」のです。切り捨てるべき部分は切り捨てる。あるいは、先送りにするものは先送りする。そのなかで絶対に欠かせないものをきちんと残し、正しく評価する。本来、図書館づくりの際におこなわれるワークショップではこうしたことをおこなっていかなければならないのですが、現実を見てみるとなかなか難しいようです。

たとえば先述した基本計画づくりに求められるのは、主体形成のためのワークショップです。参加者である市民全員の意見を集約しながら、「できる・できない」を明確にし、まさに全員で自分たちの責任と判断で取捨選択をしていくことが求められます。

ここでは、しばし悩ましいワークショップ像を払拭し、これからの図書館づくりのための実践的なノウハウをいくつか紹介していきたいと思います。

2▼▼▼図書館で見つけるアイデア「百連発」

まず紹介したいのが、先述したARGの定期刊行雑誌「LRG（ライブラリー・リソース・ガイド）」の目玉企画「図書館百連発」の手法です。この特集は、さまざまな図書館のアイデアや日常の運用の工夫を集め、一アイデアを一発と数えて百連発分を写真付きで紹介するというものです。図書館に足を運ぶと、どんな図書館でも必ず一つは図書館づくりに有用なヒントを見つけることができます。それを「明日からでもすぐに真似できる」コンテンツにしたものが「図書館百連発」です。

よい図書館をつくるには、たくさんの図書館を見て、小さないいところをたくさん集める、ということをまずやるといいでしょう。つまり図書館づくりのための部品をたくさん集めるということです。

いろいろな図書館を巡って百発分を集めてみてもいいでしょうし、リニューアルするのであれば、既設館から百発分のアイデアを探し出してもいいでしょう。何人かでチームを組んで実践してもいいと思います。百という数はいわば数値目標ですが、どんな登山でも山頂に到達したときにはじめて登った意味が感じられるように、ときとして百という目標を掲げるだけでいい結果を得られることがあります。

たとえば「ＬＲＧ」第四号（アカデミック・リソース・ガイド、二〇一三年）では、「利用環境の改善」への工夫として、三重県桑名市の桑名市立中央図書館の館内サインを取り上げています。

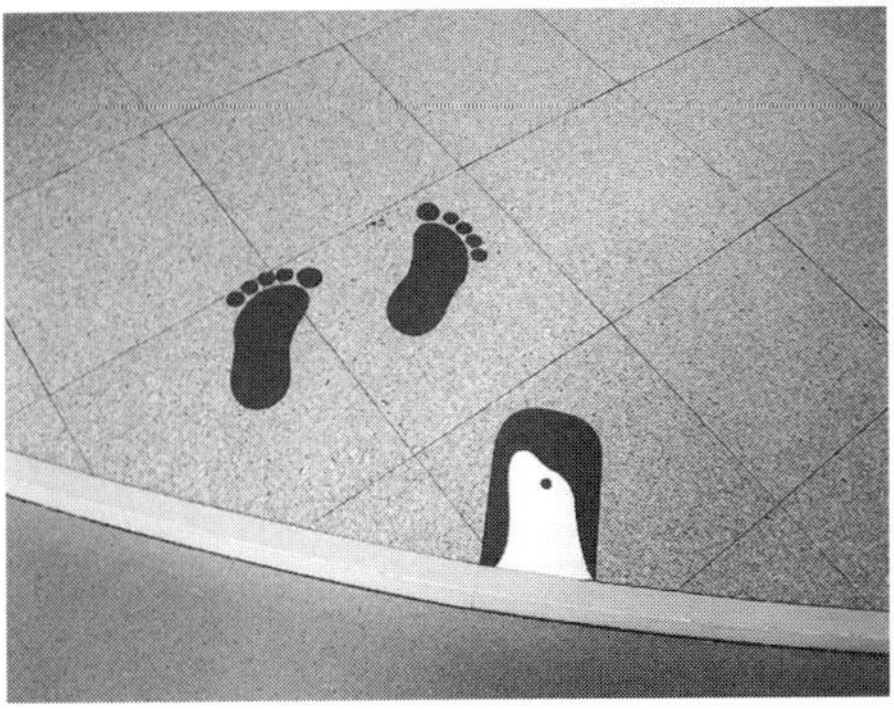

写真9　「ＬＲＧ」第4号（2013年）での例

禁止事項の館内サインと言えば張り紙が一般的ですが、「〇〇禁止！」などの張り紙は、館内の美観を最も手っ取り早く壊してしまう手段にもなりかねません。そこで桑名市立中央図書館では、デザイン性が高いサインで、禁止張り紙を代用。たとえば児童書コーナーの「土足禁止」のサインは、黄色い線で区切られた土足禁止エリアを、裸足とコミカルなイラストで表現しています。

小さな工夫かもしれませんが、美観を損ねることなく注意喚起を促している点で、非常に秀逸な工夫です。

また、東京都大島町、伊豆諸島の大島にある大島町図書館では、本のカバーも書架に並べられています。なぜ本体ではなくカバーがあるのでしょうか。これは、いわゆる「不在の本」問題への解決策なのです。

書架はただ本を収納しているだけではなく、利用者にどんな本があるかを伝える役割ももっています。したがって、人気がある本が常に貸し出し中で書架になければ「この図書館には人気のある本が全然入ってこないな」というメッセージとして利用者に受け取られてしまいかねません。

利用されればされるほど、書架が空きだらけになってしまうジレンマに対し、大島図書館では本のカバーを使って、借りられている本も書架に同時にディスプレイするという工夫をしたのです。また、これによって廃棄されることが多いカバーの再利用も促しています。

また、鹿児島県立奄美高等学校図書館では、「ＬＲＧ」創刊号（アカデミック・リソース・ガイド、二〇一二年）での「図書館百連発」を模倣し、自分たちの図書館を振り返り百連発分の工夫を一冊のオリジナル冊子にまとめ上げています。まさに「百連発」の手法をワークショップ的におこなったのです。「LRG」を創刊して本当によかったと思えたとともに、同図書館にとっては大きな財産になることがうかがえる事例です。

普段の自分たちの取り組みはなかなか肯定的に捉えにくいものです。しかし、自分たちの再評価をしていくことで、自分たちの図書館らしさは生まれていくように思うのです。

3▼▼▼アイデア＋マラソン＝「アイデアソン」

続いて、「アイデアソン」を紹介します。アイデアソン（Ideathon）はアイデア（Idea）とマラソン（Marathon）を合わせた造語です。つまり、アイデアをマラソンのように出し続けるワークショップです。

人数が多ければ全体を五、六人程度のチームに分け、それぞれのチームにアイデアのまとめに役立つ文房具、ペン、付箋、スケッチブック、模造紙などを適宜配布します。制限時間がくるまでチーム内でひたすらアイデアを出し合い、最後にはチームごとに、どんなアイデアが出たかを発表し合います。

たとえば神奈川県が神奈川県立図書館、神奈川県立川崎図書館の機能の集約・廃止などの検討を開始したことを受け、市民とともにその問題解決をおこなうために私がファシリテーターとして実施した事例があります。このときは五日間ひたすらやり続け、市民の意見をアイデアソンで集めました。最後の五日目に議論の集約をおこない、「政策提言書」をつくり、実際に行政へと提出しました。

このときの参加者は図書館に関心がある人たちであり、神奈川県立図書館のあり方について問題意識をもっている人たちでした。職業的なバックグラウンドとしては研究者や、リタイア層、現役世代とバリエーションがあったことも、活発な議論を促したと思います。

まずルールとして、否定的な発言はしないことを最初に伝えました。こうした場では、えてして個人的な感情が表出してしまうものですが、それはまずやめましょうと伝えたのです。特に神奈川県立の図書館問題の場合では、そもそも県庁側の政策に問題意識をもっている人が集まっているので、否定的な意見はたくさん出せます。しかし、そうなると生産的にならないので、「どんな施設がほしいか」、「どんなふうに使っていきたいか」という話だけをするようにファシリテーションを進めていきました。

そしておおまかなアジェンダを決めます。「横浜の図書館について、まずはここからここまで議論します」、「次の一時間は神奈川・川崎の図書館について議論します」といった具合に時間を区切って、ひたすらアイデアを出してもらいました。これが五日間続きます。

私が議事進行役をしながら、いわゆるファシリテーションをしながら、記録は別の人に録ってもらいます。その記録を常にスクリーンに投影し、みんなが話しているキーワード、アイデアを片っ端から投影し、どんどん形にしていきました。ひたすらまとめていくと、二時間やれば二十三個のアイデアを出せるようになりました。

アイデアソンは、主にスマートフォンアプリ開発などに携わるIT系の人たちの間でよく用いられる手法ですが、もっと一般的にも取り入れられていい方法だと思います。よく「要するに、よくおこなわれている説明会と何が違うのですか?」という質問もありますが、行政による〝説明会〟は本当に参加者が受け身になりがちです。

説明責任を負う側が、適切な手続きのもとに説明をして、それに市民が質問し、ときには詰問する。これは最も対立構造を生みやすい構造です。「行政vs市民」という構図になってしまったら、なんの問題解決にもなりません。行政と市民が「私たち」になることがスタートラインなのです。アイデアソンについてはまずは身内でやってみるのも大切ですが、一度ぜひプロのファシリテーションがなされている場に参加して感覚をつかむのが大切です。私たちARGでは、不定期ですがアイデアソンをおこなっています。「Facebook」(検索:アカデミック・リソース・ガイド)などで告知をしていますのでぜひ機会が合えばご参加ください。

ワークショップは、プロの仕事を見て感じるのがいちばん近道です。ワークショップでいちばん怖いのは「ちょっと市民活動をしていて、できる気になってる人」がファシリテーターを務めてしまうことです。よくわかっていないのにワークショップをおこなってしまうと、市民の主体形成ではなく、本当に形式的な市民合意を得るという機能しか果たさないままに終わることがあります。

4▼▼▼書くブレインストーミング「ブレインライティング」

続いて、ブレインストーミングをより効果的におこなえる「ブレインライティング」という方法を紹介しましょう。

アイデアを出すためのブレインストーミングや会議では、発案の苦手な参加者はいるものです。口頭発表にしてしまうと、結局のところ声の大きな人や口の達者な人が勝ってしまう。しかし、実際は口下手でもアイデアをもっている人こそがどんどん参加して、いいアイデアを出してもらうほうが重要です。ブレインライティングは、そうした発案が苦手な参加者の心理的負担を緩和しながら、会議を進めることができます。具体的には、参加者六人の場合、三十分で百八のアイデアを生み出し、その後の三十分で、出たアイデアのなかから質の高いアイデアを三個から七個まで絞ることができます。

ブレインライティングはアイデアプラント(1)という組織の代表である石井力重さんが編み出した手法です。アイデアプラントのパートナー企業であるマグネットデザインでは「ブレインライティングシート」という専門のワークショップツールを販売しているので、ウェブサイトから購入することをお勧めします。

それではやり方を説明します。まず一グループ最大六人でおこないます（四—五人でも可）。メンバーそれぞれにシートを一枚ずつ配布します。最初に、アイデア出しのテーマを決め、シートのいちばん上の欄に記入します。

シートには長方形のマス三つが六列並んでいます。まず、制限時間五分でシートのいちばん上の列の三マスにアイデアを一つずつ書きます。五分後、左隣の人に自分のシートを渡し、右の人からシートを受け取ります。

写真10　ワークショップ風景とブレインライティングシート

続いて二段目の三マスに先ほどと同様にアイデアを書きます。五分たったら、再び左の人に自分のシートを渡し、右の人からシートを受け取ります。これを六列目までのすべてのマスが埋まるまで繰り返していきます。ここまでで、三十分です。これで百八個のアイデアを生み出すことができます。

アイデアが出そろったら、絞り込んでいきます。記入し終わったシートを一人一枚持ちます。「魅力がある」「広がる可能性がある」と思うアイデアに星マークを一つ付けます。星マークを付け終わったら、左の人に自分のシートを渡し、右の人からシートを受け取ります。右の人から受け取ったシートにも同様に星マークを付け、左の人に渡します。これを、グループ全員がすべてのシートに目を通せるまで繰り返します。

そして星が付いたアイデアのマスを切り分けます。これによって、だいたい二十個から三十個の「魅力がある」「広がる可能性がある」アイデアが抽出できます。続いて、似たアイデアをまとめてグループをつくります。同じグループのアイデアから、代表するアイデア一つをディスカッションで決めます。

すると、百八個のアイデアから、本当に「魅力がある」「広がる可能性がある」アイデア三個から七個を抽出することができます。

このように、ブレインライティングは非常に短時間で多様なアイデアを出し、かつ絞り込みをおこなうことができます。取捨選択するという点で非常に優れている手法です。さらに手軽で、その気になれば思いつきでおこなうこともできます。しかし、その思いつきにこそ真理があることもあるのです。

5▼▼▼「聞きたいこと」と「発表したいこと」を最大にする会議「アンカンファレンス」そして「ライブラリーキャンプ」

アンカンファレンスは、最近いろいろなところで用いられている会議手法です。これは簡単に言えば、集まった参加者が発表者やテーマを決めておこなう会議形式です。

一議題につき十五分から三十分程度を「持ち時間」とし、三十人以上集まれば五つ程度のテーブルで議論をおこないます。そのため、だいたい縦軸（時間）に五マスから六マス（途中休憩含む）、横軸（テーブル分）に五マス程度の空白のタイムテーブルを用意します。このタイムテーブルは参加者に見えるところに掲示するので、模造紙やホワイトボードを使って大きく描きます。

参加者に大きめの付箋とペンを渡し、五分程度で「今日話したいこと」「今日聞いてみたいこと」を三枚程度、書いてもらいます。できたら、それを空白のタイムテーブルにどんどん貼っていってもらいます。ほかの人のものと重なってもかまいません。テーマが近そうなところは、個人の時間の都合が許すかぎり、同じマスに貼ってもらいます。

貼り出されたら、司会者はテーマの集約をおこないます。似たようなテーマは、タイムテーブルの前で発表者と小さなディスカッションをしながら、同じマスに統合していきます。

テーマと時間が決まったら、順次発表をはじめます。テーブルには同じようなテーマに興味関心をもっていて「発表したい人」「聞きたい人」が集まっていますので、一人が発表してもいいし、何人かで発表を小分けしてもかまいません。とにかく全員で議論に参加しましょう。

写真11　アンカンファレンスの実践風景1

写真12　アンカンファレンスの実践風景2

すべての議論が終わったら、それぞれの議論のなかの代表者あるいは発表した人それぞれが「ラップアップ」、すなわちまとめの発表（一分程度）をおこないます。それぞれのテーブルでどんなことが議論されたのか、どんな結論に至ったかを参加者全体に共有してもらいます。

このようにアンカンファレンスは、参加者それぞれの「発表したいこと」と「聞きたいこと」を充足させることができる、非常に便利な会議方式です。

また、このアンカンファレンスによる議論を合宿に持ち込んだものが、私たちARGが事業としてやっている「ライブラリーキャンプ」です。一泊二日でどこかに出かけ、図書館の現地見学も入れながら、図書館についてアンカンファレンス方式で議論をします。消化不良になったことは、夜にバーベキューなどをしながら、飲みながら語り合います。夜には、「ミニセッション」として、小さな発表をいくつか加えたりしながら、みんなで温泉にも入ります。ちょっと楽しい旅行ですね。

こうして日常のフィールドから離れたところで、意外な出会いも経験しながら集まって議論すると、思わぬよい発想に出くわすことが増えます。いつもと同じテーブルで同じ人と議論していても、案外いい結果にならないことは多いものです。

6▼▼▼図書館を発信——「メディアリレーションとロビイング」

また、いくらいろいろな工夫をして図書館づくりを推進していても、誰にも知られていなければその意味は半減してしまいます。そこで大切なことが、自分たちの活動を必ずローカルメディアに紹介してもらうこと、そして有能な記者とのパイプをもつことです。

自分たちの活動や近況を伝えてくれるメディア関係者と良好な関係を築き、活動にとって有利な発信をしていくことを「メディアリレーション」と呼びます。

地域の図書館の活動の場合は、特に地域メディアの編集者・ライター、地方紙の記者との関係性は大切にすべきです。なぜなら、地方紙・地域メディアをいちばん多く読んでいるのは、そこに住んでいる市民だからです。全国紙の地方欄に載る必要はまったくありません。

特に地方紙は行政も議員も必ず読んでいるので、図書館の活動が行政や議員にも広く認知されるきっかけになります。認知が広がると、議員会館や議員事務所を訪ねていくときに有利です。「この新聞に取材された者なのですが、こうした活動をしています。お話しできませんか」と訪ねれば、多忙な議員でも時間をつくってくれることがあります。

議員にはたくさんの相談ごとが持ち込まれます。公務とはいっても彼らも仕事ですから、話題性によって多少の優先順位はつけていきます。そのなかで自分たちの活動を選んでもらうためには、一度はイベントなどをメディアに取材してもらい、ニュース性をもたせ、そのニュースをもって会いにいって、自分たちの構想を説明することが有効になります。これはある種の「ロビイング」です。日本はどうしたわけか習慣上、ロビイングを嫌う傾向がありますが、何か活動を起こすうえではロビイングは重要です。

何よりも議員が議会で新図書館構想について「これからの図書館政策についてはどうなってるんですか？　市長」と質問してくれるのは、図書館の政策上でも非常に重要です。これらの発言は、確実に記録として議事録に残ります。

このように図書館をつくるための手法として、メディアリレーションはその根幹を支えます。たとえば島根県隠岐島にある海士町の図書館も、その活動が「山陰中央新報」に載ったことで話題になったのです。

先述しましたが、地方紙に確実に載ることがまず大切です。地方紙は、全国各県一紙は必ず存在しているので、まずはそこの記者とコンタクトをとること。さらに、もっと小さなミニコミ紙のようなものでもかまいません。

インターネットのメディアでは、地域のビジネス&カルチャーニュースを発信する情報配信サービス「みんなの経済新聞」は有用です。媒体としての認知度も高く、「ハッピーニュースしか取り上げない」という編集方針からも、図書館でやっていることは親和性が高いはずです。

自分たちの活動をメディアに売り込んだり、イベントをおこなうためにプレスリリースを配信したりと、メディアの目に触れるための工夫を増やしましょう。そして、何か新しい動きがあればすぐに駆けつけてくれるような、自分たちの活動を支えてくれる記者といい関係性をつくることが大切です。


記者といい関係性を築けたら、「ジャーナリスト教育」や「記者教育」も必要です。記者にもっと図書館のことをよく理解してもらう機会をつくるということです。

私がヤフーに在籍していたころはよくやっていました。「ジャーナリスト教育」や「記者教育」は、企業ではよく「ブリーフィング」と呼ばれます。つまり、「この前までは経済部だったんですが……」といったIT系の担当になったばかりの記者に対し、基本から検索エンジンの仕組みを説明したりするわけです。もちろん手間はかかりますが、きちんと育成をしておくと、こちらに都合のいいという意味ではなく、正確な知識と理解に基づいたいい記事を書いてくれます。こちらを取材してくれる記者が検索エンジンの仕組みをまともに理解していないと、むしろ会社にとってのリスクになりますから。こちら側の負担で彼らに教育をするわけです。

これは図書館の場合も同じです。図書館の基本機能や運営体制などをきちんと説明しないと、図書館に特化した知識をもっている地方紙記者はほとんど存在しません。浅い知識でうかつに取材させてしまうと、たとえば武雄市図書館の取り組みと比較した、安易な批判記事を書かれてしまうことにもなりかねません。

取材してくれる彼らに対し、こちらも手厚くサポートして、質問にもどんどん答えるようにします。新聞記者は学習能力が非常に高いので、あっという間に図書館の専門家になってくれます。

いまの図書館を見ていると、こうしたメディアリレーション、つまり記者とパイプをもっている図書館がほとんどないことに気づかされます。有能な記者とのパイプは、一定規模の企業であればどこでももっているものです。図書館でももっておいてしかりです。

それに優秀なジャーナリストはたいてい必ず新聞を情報源の一つとし、さらに図書館を使います。図書館とのパイプはお互いにとって非常にメリットがあるため、図書館には「もっとメディアをうまく使う」ということをぜひ実践してほしいと思います。

7▼▼▼見せるから伝わる――「アドボカシー」

「アドボカシー」（Advocacy）という言葉をご存じの方はどのくらいいるでしょう。これは図書館関係者だけではなく、日本自体に馴染みがない概念です。

アメリカでは「図書館アドボカシー」とよく言われます。アドボカシーという言葉を便宜上で定義すると、図書館の機能を常日頃から訴えるような必要努力のことを指します。つまりは、自分たちの活動を広く周知するためにおこなう、ある種のプロモーションやマーケティングの一つです。

アメリカ東海岸のワシントンD．C．を流れるポトマック川沿いの桜は、一九一二年三月に東京市から友好親善のために寄贈されたものです。それを記念して毎年三月ごろには全米桜祭りが開かれています。そして二〇一二年には寄贈百周年を迎えました。

同じくワシントンD．C．にあるアメリカ議会図書館では、二〇一二年の全米桜祭り(2)の際に、寄贈百周年を記念して展示をおこなうことになりました。しかし図書館には展示をおこなうための十分な資金がありませんでした。そこでアメリカ議会図書館は費用調達をおこなったのです。議会図書館のなかにある日本語資料室で、古くて著作権が切れている日本語文献のなかから桜の図案を探し、それをモチーフにしてバッジを作り、十ドル程度で販売することにしたのです。

資金集めにもなりながら、関係者がバッジを胸につけているだけでいろいろな人が目に留めます。気になった人は「そのバッジは何ですか？」と聞いてきます。そこで図書館の取り組みを説明することで、クチコミによる伝播力で図書館の活動とその意義が広まっていくのです。これがアドボカシーによる周知活動です。

たとえば図書館のリニューアルをしていくにあたっても、そのプロセスをウェブなどで見せていくといったこともアドボカシーになります。「リニューアルしました！」というところだけを伝えても、市民に図書館の活動を知ってもらったことにはなりません。日頃どんなことをやっているかも、もっと見せていくことで周知につながります。

たとえば、市民の多くは、図書館の大切な活動の一つである蔵書点検による長期休業を理解していません。図書館関係者にとっては必要最低限の時間を休業しているだけなのですが、市民としては「図書館は休みが多い」という認識をもつだけです。そこで、たとえば長期休業の告知張り紙に、蔵書点検の作業内容を書いておくだけでも市民の感じ方はずいぶん変わってきます。「休館だ。残念」という思いだけで帰すのではなく、「へえ、こういうことをやってるんだ」と見せられます。それは今後の市民と図書館の関係性で、大きな理解につながります。

写真13　アメリカ議会図書館がつくったバッジ

図書館の人は、結局市民にどんな仕事をしているか理解されていないし、まさに困っているのは当事者です。しかし、アドボカシーのチャンスは、何も特別なことをしなくても、工夫一つで至るところに見いだせるはずなのです。仕事を見せていないから、市民には当然仕事が見えず、理解されないのです。仕事をもっとカジュアルに見せる場をつくる、ということが必要なのです。最近では図書館によっては「一日司書体験」などの催しをしているところもあります。

どうしてもデスクワークや、ある種の知能労働は見せてもわからない部分もたくさんあると思います。であれば、たとえばそれを、ブログを通して「思い」として発信する、「Facebook」で日常のひとコマをきちんと見せていくという努力に変えられるのではないでしょうか。何事も考え方次第です。

こうした見せ方がないと、市民にとって図書館は、いつまでも「受け取って当たり前の行政サービス」としか認知されないことでしょう。

アメリカをはじめとする世界の図書館では積極的におこなわれていることでもありますし、ぜひ日本の図書館もアドボカシーを強化してほしいと思います。

また、そのためにはまず、名刺をつくることからはじめる必要があります。これは私が図書館関係の仕事をするようになっていつも不思議に思っていることなのですが、図書館関係者は名刺をもっていないことが多いと感じます。

いまは行政のなかでも名刺代は自己負担というものが増えている事情もわかりますが、一般社会の企業や組織で、名刺を持たずに活動している人はほとんど存在しません。名刺を持つことを基本にするだけでも図書館のアドボカシーは相当向上すると思います。

8▼▼▼自分の〝財布〟をもつ強み「ファンドレイジング」

そして最後は「ファンドレイジング」です。図書館が実現したい未来を形にするためには、最も強化すべきは資金調達力です。

最も代表的なものは、「READYFOR?（レディーフォー）」(https://readyfor.jp/) に代表されるような「クラウドファンディング」の活用でしょう。なお、筆者は二〇一一年からこのサービスを提供する会社の代表を兼任しています。クラウドファンディングとは、インターネット上でプロジェクトを発表し、資金提供者を募る仕組みです。

たとえば海士町の図書館は「島根県隠岐島の海士町中央図書館にみんなで本を贈ろう！」[3]というタイトルで「READYFOR?（レディーフォー）」でクラウドファンディングを実施しました。海士町の図書館は、図書を充実させるために資金が必要だったのですが、財政難のために予算獲得が難しく整備がなかなか進まない状況にありました。

そこで、三千円からの小口資金提供を「READYFOR?（レディーフォー）」でおこなったところ、九十三人もの支援が集まり、目標達成額百万円を超え、約百二十万円もの資金提供を得ることができたのです。

いま、図書館をつくるうえでいちばん大きな課題は、資金問題です。基本的には、公共図書館は税金で建てるしかありません。図書館は、図書館法によって、すべてではないにせよ、課金によって収益を出すことができません。そのため「お金を稼げない」というある種の弱みがあるわけです。

そのなかで何億から何十億円という予算をかけて図書館をつくるということは、自治体にとっては行政的にも、政治的にも非常に大きな決断になります。そこで図書館の側の発言力を高めるためにも、自己資金を用意するということは重要になってきます。

クラウドファンディングのほかには、たとえば「ふるさと納税制度」のなかに、図書館に使途を限定した納税制度をつくってもらうように、議会や行政内ではたらきかけをおこなうのも一つの手です。実際に「ふるさと納税」で図書館に使途を限定して巨額を集めることに成功している自治体もあります。図書館は寄付の対象になりやすいのです。それに加え、地場の企業を丁寧に回って、スポンサーをしっかり集めることも必要でしょう。

いまは図書館自体にこうしたファンドレイジングの努力があまりにも足りていないのではないでしょうか。もちろん、最終的には議会で理解を得て、予算をつけてもらうのも重要なファンドレイジングではあるのですが、市の予算に依存しすぎることは、図書館の置かれる状況が変わったときに一気に大きなダメージを受けることと背中合わせでもあります。

そこで仮に年間百万円でも二百万円でも、自由に使うことができる「寄付その他で集めた自己資金」をもっているのともっていないのとでは、図書館の立ち位置がずいぶん変わってくるはずです。

それと同時に、ファンドレイジングには非常に高い広報効果があります。つまりアドボカシーになるということです。

海士町の図書館も、「山陰中央新報」に載った結果、新聞を読んだ町民が「図書館が大変なんだ」ということを知って、お金を図書館に持ってきてくれたということもあったそうです。「いま、図書館が大変なんです」ということを伝える効果も、ファンドレイジングにはあるのです。

注

（1）IDEA PLANT（アイデアプラント）ウェブサイトは、「アイデアプラント」で「Google検索」または「IDEA PLANT」（〔http://braster.ocnk.net〕［アクセス二〇一四年十月二十五日］）。やり方もIDEA PLANTの「ブレイン・ライティング・シートの使い方」（〔http://braster.ocnk.net/page/11〕［アクセス二〇一四年十月二十五日］）を参照し、リライトしています。

（2）二〇一二年に百周年を迎えました。「日米桜寄贈100周年」（http://www.mofa.go.jp/mofaj/area/usa/sakura100.html）［アクセス二〇一四年十月二十五日］、「桜が見ごろを迎えるワシントン、米国議会図書館（ＬＣ）で日米桜寄贈100周年を記念した展示会がスタート」（http://current.ndl.go.jp/node/20429）［アクセス二〇一四年十月二十五日］を参照。

（3）海士町クラウドファンディング事例は「島根県隠岐島の海士町中央図書館にみんなで本を贈ろう！」で検索または「島根県隠岐島の海士町中央図書館にみんなで本を贈ろう！」「READYFOR?」（〔https://readyfor.jp/projects/ama-library〕［アクセス二〇一四年十月二十五日］）を参照。

第8章
図書館の拡張

1▼▼▼「図書館で起業」は可能か？——「産業支援」

図書館はただ本を貸し出す場所ではありません。本の貸し出しは、本来、図書館の副次的な機能のはずです。本質的には人が必要とする情報を収集し、情報提供をベースにし、その人が抱えるさまざまな問題や課題を解決する「課題解決支援」が図書館の主機能のはずです。

ここではそうした図書館本来の主機能に視点を置き、公立図書館の広がりを感じていただけるような話をいくつか進めていきたいと思います。

たとえばビジネス支援とも呼ばれる「産業支援」があります。ただ、多くの図書館でおこなわれている産業支援への実践は、ビジネス系の本を集めた棚をつくるといったことにとどまっている場合が数多く見受けられます。そしてその選書についても、やや利用者の心をつかんでいないと言えるのかもしれません。

というのも、多くのビジネス棚を見てみると、並んでいる本のテーマは「会社のつくり方」や「法人会計の仕組み」ばかりなのです。これは周囲に起業家が多い私の肌感覚でもありますが、起業家を見ていると、そもそも会社をつくりたいと思っている人は、その程度は人脈を使って最新のノウハウを自分で調べて実践していることがほとんどです。

それらの本が情報として図書館にあることが、市民の起業欲を刺激する可能性はあるかもしれませんが、産業支援をおこなうのであれば、より産業に関わる人が求めるものは何かを掘り下げて本棚をつくる必要があるのではないでしょうか。あの本棚だけの支援では、市民が図書館で起業するのは難しそうです。

また、産業支援をするためにはレファレンスの強化は必須です。レファレンス機能は、利用者の調査・相談に対してサポートすることが主たるものですが、いまの図書館にビジネス実用に応える調査力・相談力があるかと言えば疑問です。

たとえば「武雄市図書館のような図書館ができていることを受け、民間の資本をうまく取り入れたような図書館づくりが、国内外でどのくらいされているかの事例を調べたい」という要望が利用者からあったとしましょう。すると、いまの一般的な図書館のレファレンスは「武雄市図書館がテーマでしたら、こうした本が出ています」といった、本の推薦が一般的でしょう。

しかし、その程度の選本であれば、いまや「Amazon」の「この商品をチェックした人はこんな商品もチェックしています」にもできてしまいそうです。本当にビジネスに役立つ調査というのは、もっと踏み込んで、ニーズに対して本当に意味のある情報が載っている本の紹介はもちろん、その本や事象の周辺で現在どのような評論がなされているか、そのなかで力のある論者は誰かなどをミニレポートにまとめて提供してくれるレベルだと思うのです。ここまでできれば、ビジネス支援・産業支援として、多くのビジネスパーソンが図書館を利用するにちがいありません。

つまり、実務家としてのビジネスパーソンがもつ、本当のリサーチクエスチョンに適切に対応していかないかぎり、産業支援の価値は市民に認識されえないということです。

次に、調査リソースを消費するような調査仕事を図書館が手伝うことができれば、利用するビジネスパーソンは増えるということです。

たとえば企業によっては自治体や公的団体の調達を取りにいくことが業務になっている場合があります。大企業であることが多いのですが、そうした企業の営業担当は、日本全国から「今度こんな公募が出るぞ」「新しい事業に使えそうな補助金があるぞ」ということを把握してくることが仕事です。国からの補助金や助成金、公募プロジェクトなどの情報はなかなか一カ所にまとめられないため、企業は常に情報を集めて回らなければなりません。これは労力を割くことが難しい中小企業にとっては大きな痛手であり、情報格差にさえなります。

こうした中小企業には荷が重い「地道な情報集め」を図書館が助けてくれると、非常に便利です。国が出す補助金や助成金の情報、または公募プロジェクトに関する情報を図書館がまとめて提供するということです。

中小企業にとってはもちろんですが、大企業にとっても意味があります。結局、ホワイトカラーの生産性が低いと言われる一つの問題は「情報を取りにいく」という、地味に労働リソースを消費する仕事をやっているからなのです。そうした情報を編集し、図書館が集約することができれば、社会での企業活動を根本的に支える情報提供ができます。本当に「会社のつくり方」の本を置くよりはるかに役に立ちます。

また、起業家には、スタートアップなどで重宝する、自治体の補助金や助成金があります。これらの申請ノウハウを教えるセミナーなどが図書館で開催されていれば、起業家たちは奮って参加すると思います。助成金や補助金は申請フォーマットの書き方が非常に重要なのです。

あるいは、その会社の事業計画にマッチする補助金や助成金の存在を調べて教えるサービスがあってもいいかもしれません。起業家の間でもある程度のノウハウは蓄積されていますが、図書館が全面的に管理してくれれば、それこそ本当に起業家を後押しすることができるでしょう。

しかし、ここまで読んで「なぜ特定企業の利益のために、公共の図書館がそこまでしなくてはいけないんだ？」と感じたかもしれません。

たしかに一見そうかもしれませんが、もう少し長い目線で見ていくと、案外公共の利益にもつながることなのです。というのも、少なくとも、その図書館が所属する自治体に本社を置いている企業であれば、その企業は黒字になれば、その自治体に税金を納めなければなりません。つまり図書館が特定企業の利益のために業務をおこなうことで、将来的な自治体全体の税収を増やすことに貢献できる可能性があるわけです。

もちろん大発見や大発明を手伝う必要はありません。大切なのは定常的に取れる仕事を、大企業にも中小企業にも等しく取らせていくために支援することです。図書館へのリターンは、その会社がきちんと納税できるように成長していく、ということだと思います。したがって図書館は、その企業に「黒字決算をしたら必ずこの地域で納税する」と誓約を結ばせたうえでアドバイスをおこなうようにしてもいいでしょう。

これらのサービスが本当の意味で、いまのニーズから見た産業支援の形であり、図書館の拡張なのだと思います。

ここからは私の希望でもありますが、ゆくゆくは図書館が自治体内の事業者を全部登録していくといいと感じます。図書館の法人利用者として登録をしてもらい、図書館に法人部をもつわけです。そうしてリスト化した法人に対し、図書館が定期的に情報発信をおこなうのです。図書や新聞や雑誌記事などのうち、それぞれの会社に対して重要と思われる情報の配信をしていくのです。実際の「Google アラート」などのインターネットの情報配信のサービスはそうなっているはずです。そうしたユーザビリティーに図書館サービスを合わせていくことで、情報感度が高いビジネスパーソンにも活用されるサービスになるでしょう。

また、司書には一度、ビジネスの実務家に対して具体的なヒアリングをおこなってほしいと思います。いまの実務家のニーズからかけ離れた図書館サービスを見ていると、ヒアリングをしていない、あるいはしていたとしても、それは非常に表層的なのではないかと感じます。

私も、この業界で会社をやっていて、司書に「どういう産業支援を望みますか?」と聞かれたことが一度もないのですから。

2▼▼▼図書館の役割は知の総合コンサルタント——「議会支援」と「行政支援」

　図書館が先述したような産業支援ができるようになっていくためにも、まずは自治体内の仕事に対して適切な情報提供ができるようになっていくといいと感じます。それが「議会支援」です。議会と議員の仕事をサポートする役割を図書館が担っていく拡張の形をお話しします。

　たとえば議会には政策調査局というものがあって、議員が求めるさまざまな調査や、実際に提案しようとする条例の立法活動のお手伝いをしています。こうした部分にも、公立図書館が関わっていけるといいと感じます。

　仮に、なんらかの図書館施策を提案したいと思った議員がいたとき、「政令指定都市においての図書館施策を全部比較した資料がほしい」と言われれば政策調査局が動いて資料集めをするわけです。ここには本来、膨大な資料をもっている公共図書館の力が加わったほうがいいはずなのです。たとえば、議会には必ず図書室が設置されているので、公共図書館は議会の図書室と連携したうえで政策調査局とも協力をして、議員にとって必要な情報提供をおこなうべきです。さらには、そうしたフレームを、公共図書館が主体となって推進していくとなおいいでしょう。

　国立国会図書館はまさにそうした仕組みで活動しています。国立国会図書館の第一の業務は「国会議員の政策調査に対する協力」なので、国会図書館のスタッフのおよそ三分の二くらいはそうした仕事をおこなっているのです。

この支援についても「なぜ特定の党派の利益のために、公共の図書館が協力する必要があるのか?」という疑問をもつかもしれません。これについては、図書館が所属している自治体の議会の、全現職議員や前職議員にサービスを提供すれば公平性は担保されます。

議会支援にはさまざまなメリットがあります。まず一つは政治にかかるコストを低減させることができます。現在は議員一人ひとりが自分の事務所にスタッフを抱え、政策調査局だけでは補いきれない部分は自分の政治資金を使って調査しているのです。そこを図書館が包括的に補えば、一人ひとりの議員が調査にかけているコストが削減されるため、トータルで見たときの政治のコストも削減されるはずです。

仮に議会に三十人の議員がいて、一人ひとりが五百万円程度の政治資金を使い、スタッフを雇って調査をしていると考えた場合、そのコストは単純計算で一億五千万円にのぼります。

適切な議会支援をおこなうために公共図書館に二人、政策調査に長けた有能なスタッフを追加して二千万円をかけたとしても、自治体のトータルコストで見れば一億円以上削減できていることになります。こうした戦略的なことを図書館側にもぜひ推進してほしいです。

こうした活動は市民から見ても「行政コストを下げる役割を図書館が果たしている」という非常に説得力がある課題解決だと言えるでしょう。さらに議員側からサービスが役に立っていると認識されれば、図書館にとって非常に有利なロビイング活動にもつながります。最終的に図書館の予算を通すのは議会ですから、図書館の必要性が議員に伝われば、彼らがきちんと図書館を守ってくれるようになります。

議会に尽くし、きちんと能力を発揮して尊重されれば、図書館の必要性を議員が保証してくれるようになります。そうすると、図書館で優秀な人が働けるようにしたり、より高度な設備投資をするために資金が必要なときも「図書館は予算を増やしてでもやるべきことでしょう」となる可能性だってあるわけです。議会支援は、自治体全体での大きな課題解決をしながら、資金調達までも可能になるのです。

また、議会同様に行政にも図書館の支援があるといいはずです。行政の仕事には、下調べが非常に多く、市長や議員から依頼があった際の資料調達を主におこなっています。そして役所のなかでは、いわゆる非正規雇用のスタッフが日夜その調査をし続けているのです。この部分を図書館が引き受けることができれば、行政に対して有効なコスト削減と高度な業務代行ができると感じます。

たとえば横浜では現在、横浜港のてこ入れ政策が盛んに議論されています。横浜市の港湾局が、港湾整備の事例についての情報をほしがっているとしたとき、図書館が率先して調査課題を取りにいき、日本全国の主要な、特に最近上げ潮傾向にあるような港湾の整備はどのようにおこなわれているのか、あるいは海外の注目すべき港湾整備事業を調べることができれば、市は図書館を重宝するにちがいありません。また、ある意味で図書館の強みとして「オリジナルのソースを示す」ことが文化としてあるわけですから、情報としても、非常に使いやすいものを提供できるはずなのです。

こうした行政支援や議会支援を的確にできるようになったとき、はじめて効果的な産業支援ができると思います。

行政は、一つの巨大企業のような構造をもっています。図書館が強みを生かし、諸機関と連携をとっていくことができれば、産業支援の際にも、行政内部の情報を効果的に把握しているからこそできる適切なアドバイスができるはずです。そうした意味で、図書館は真に「知の総合コンサルタント」になるべきだと感じます。

3▼▼▼図書館のサードプレイス、どう生かす?——「市民活動支援」と「市民協働」のあり方

いまはどんな自治体でも必ず「市民協働」を掲げていて、専門の部局さえ置いています。行政が全国的に、市民と協働していくことを一つの指針としているのに、いまの図書館は市民活動支援や市民協働に対してあまり積極的な試みをおこなっていないのはどうしてなのでしょうか。

いまの市民のライフスタイルをもっと考察してみましょう。いま、多くの人が、もちろん会社の仕事に一生懸命に打ち込む半面、「自分の場」をつくることを実践しています。少し情緒的な言い方をすると、社会に自分の居場所をつくるためのアクティビティーを盛んにおこなっているということです。

それを代表する言葉が「サードプレイス」でした。第一の場所「ファーストプレイス」が自宅。第二の場所「セカンドプレイス」は学校や会社などの職場。そしてその二つの場所の中間地点にある第三の場所が「サードプレイス」と呼ばれています。サードプレイスには、馴染みが集うカフェ、シェアオフィスなどが含まれる、社会における自分の第三の居場所です。

写真14　さくらWORKS〈関内〉

こうした表現が一定の支持を集めた社会背景を考えたとき、これからの市民活動がおこなわれる場所はまさにサードプレイスであることがわかります。そして、そこには公共施設の図書館も含まれてしかりです。この「場所」という表現は「コミュニティー」とも言い換えられます。ファーストプレイスの自宅には、家族のコミュニティーが、セカンドプレイスには学校や会社のコミュニティーが、そしてサードプレイスにはカフェ、シェアオフィス、そして図書館のコミュニティーがあるのです。

また、これからは働き盛り世代を市民活動にどのように取り入れていくのかも課題として大きくなりつつあります。まさに図書館が主体性をもってソーシャルデザインやコミュニティーデザインを考えていくべきときなのです。

写真15　下北沢のＢ＆Ｂ

たとえば「地域の空きビル問題を、アートの力でなんとかしたい」、「昔のような活気を取り戻したい」と思って集まっている市民活動家に対し、図書館は何ができるのか、あるいは何か支援ができる用意があるのかということです。

図書館のなかで、企画会議のような催しをつくるのも一つの手ですし、図書館のなかで人と人が出会う場づくりを心がけるだけでも、図書館がサードプレイスとして市民に認知され、利用されることを助けるでしょう。既存のシェアオフィスに対し、図書館から本を団体貸し出ししたり、市民団体の資料を積極的に収集して市民に提供できるようにしたりといったことも考えられるでしょう。

図書館をただ「静かな場所」にしておくのはもったいないのです。本というものは非常に強いメッセージ性をもっているものです。

赤の他人でも、同じテーマの本を読んでいるというだけで、一瞬でつながり合うことができるのはそのためです。

写真16　佐賀市立図書館

決められたテーマの本を持参して、自己紹介をかねた本の紹介をし、本の交換をするという、本と名刺の交換会「ブクブク交換」、スポーツ感覚で楽しめる書評会「ビブリオバトル」などが成立するのは、「あの人は私と同じ嗜好をもっているんだ」ということが、深く話さなくても本がもつメッセージからわかるからです。「この本が好き」というのは、ある種のシグナルであり、そこにコミュニティーを生み出すのです。

このように、自分自身がどういった関心をもっているかを社会的に発信しやすい本がたくさん集まっている図書館は、非常に強い「場」の力をもっているのです。

しかしいま、そうした本の力に注目し、サードプレイスで市民を集める担い手になっているのはシェアオフィスであったり、連日、本の著者などのトークイベントをおこなう、ビールが飲める下北沢の本屋B&Bのような新しいスタイルの書店ばかりです。そこにはまだ、図書館は入ってきていません。

こうした本が生み出す場の力に図書館ももっと着目し、結果的に市民活動の支援になるといいと感じています。

4▼▼▼魅力再発見は図書館の「観光支援」で

図書館がおこなう「観光支援」の形も、もっとバリエーションがあっていいと感じます。まず、国全体としても観光産業に力を注いでいるという背景があることと、観光はどんな自治体にも可能性があるフェアな産業でもあることから、産業支援とも呼応する部分が出てきます。

現在の公共図書館の観光支援には、大まかに分けて、地元の市民に対して全国の観光情報を提供するケースと、その地域を訪れている観光客に対し、地域の情報を提供するケースがあります。

まず前者の場合、佐賀市の図書館では、全国の自治体のガイドブックや自治体が配布しているパンフレットをすべて整理して、資料として提供するような工夫をしています。

後者の場合の観光情報の提供パターンとしてはパンフレットを配布するというアプローチが多いですが、図書館に行ったら、地元ならではのディープな観光情報が得られるといいと感じます。いまの観光客は、全国のどの書店にも売っているような、大量消費型の観光情報にはあまり食指が動きません。その地だからこそのニッチな情報を求めているのです。そうしたニーズに応えるべく、図書館で、地元の人だから知っているような情報を提供していくと効果があるはずです。

特にリピートしている観光客の場合は、前とは違う体験を常に求めています。そのときに「もっと詳しい情報は図書館で」というポジションをとれれば、これはある意味で戦略的なところもありますが、図書館の社会的地位は高くなるはずです。

また、数週間単位の長期滞在者を得られるようなまちの場合は「図書館そのものを観光の重要なコンテンツにする」という方法もあります。温泉に湯治にきた観光客に向けて「湯上がりの読書」を図書館が本を貸し出すことで演出できれば、それは立派な観光コンテンツになります。

図書館が観光に対してできる拡張は、案外多いのです。

5▼▼▼新しいことが起こり続ける「デジタルアーカイブ」

これからの図書館の存在を考えていくうえで、「デジタルアーカイブ」は非常に重要な拡張です。図書館がもっている資料を可能なかぎりデジタル化して、どこからでも見られるようにするということです。

デジタルアーカイブは、図書館内はもちろん、インターネットを通じて図書館外からも自由にアクセスできることが望ましいと考えられます。そうした利便性を顕著に示しているのは、オンライン蔵書目録「OPAC」でしょう。

以前は図書館内からしか使えませんでしたが、いまは図書館外からでもインターネットを介して使うことができます。利用者が最適な使い方を選ぶことができる点で、非常に便利なツールです。現在は「OPAC」をスマートフォンに最適化する試みが進んでいます。デジタルアーカイブも「OPAC」同様、利用者の使い方の向上とともに進化する必要があるのです。

こうした使い方のことを考えるうえで欠かせないのが、私たちの身の回りの「リアル」の世界と「バーチャル」の世界の関係性です。

実際の空間のことを「実空間」、インターネットなどのサイバーワールドのことを「情報空間」と呼びます。いわゆる、これらはリアルの世界とバーチャルの世界であり、私たちはそこを行ったり来たりして生活しています。

しかし最近、この二つの世界がどんどんと地続きになってきているように感じられます。たとえば、リアルの世界で会うことは年に二、三回しかなくても、バーチャルの世界でお互いの活動や考え方を、「Facebook」や「Twitter」を介して知っているがゆえに、非常に親しい間柄だと思えたりすることは、もはや日常的なことです。もちろん、会って話すことが人間関係では何よりも大切なことなのですが、リアルとバーチャルは、もはや二項対立で捉える概念ではなくなってきています。

しかし、いまのところ図書館ではこの二つの世界を区分して考えています。それは図書館業界の言葉である「来館サービス」と「遠隔サービス」に象徴されています。実際に図書館に来て利用できるサービスと、来なくても遠隔から利用できるサービスが切り離されて考えられています。便宜的な区分としてはいいのですが、来館と非来館、つまり図書館としてのリアルとバーチャルでのサービスが二項対立軸として捉えられていることは、時流に沿っていないのかもしれません。

私は、そもそも図書館のサービス設計が、リアルとバーチャルを一体化して捉えるべきだろうと思います。その最たるものが、先述したような図書館づくりのプロセスです。まずは建物の話があって、図面が生まれ、建物ができあがってくる段階ではじめてウェブへの対応をどうするかという話になるのが一般的です。まずリアルの世界の構築が先で、バーチャル世界のことは副次的なものと捉えられている。バーチャルの世界で起こったことは、リアルの世界に影響を与えます。図書館づくりの際も、これら二つの世界は常に並走関係にあるべきだと私は思います。これからの時代は、リアルとバーチャルを切り離して考えること自体が〝時代遅れの発想〟になってしまうのです。

また、デジタルアーカイブにはもちろん、電子書籍も加わってきています。最近はすべての資料をまとめて「デジタルコレクション」という言い方がヨーロッパを中心に普及しつつありますが、今後図書館の大きな活動領域になっていくのは、まさにこのデジタルコレクションだと思います。国会図書館では「国立国会図書館デジタルコレクション」(http://dl.ndl.go.jp/)として、国立国会図書館で収集・保存しているデジタル資料を検索・閲覧できるサービスを提供しています。

貴重な資料が電子化され、誰でも簡単に閲覧できるようにすると非常に便利ですが、古いものだけを電子化することだけに、デジタルアーカイブの意味があるわけではないことも念頭に置いておく必要があります。

いま、残っている古いものというのは、誰かが保存しようと思ったときは新しいものだったはずなのです。そのため、デジタルアーカイブは、「いま」を切り取って保存することも含まれるということを強調しておきます。

そうしてさまざまな資料が電子化されていくと、新しい利便性が生まれます。一冊の本がデジタルでも読めるようになるということは、デジタルアーカイブの本当の意味ではありません。デジタルアーカイブの真価はその検索にあるのです。

たとえば一千万点の本がデジタルアーカイブされたとき、「レヴィ＝ストロース」という言葉ですべての資料を横断検索すれば、レヴィ＝ストロースが書いた本はもちろん、ほかのさまざまな書籍で彼がどう言及されているのかが見えるようになるはずです。そこには知識と知識がまるでシナプスでつながったような構造が見いだせるはずです。このように、膨大な書籍データのなかに知識の相関関係の大規模構造を見いだすことができるようになれば、それこそが革命的なデジタルアーカイブの誕生なのです。

その利便性を象徴しているのがインターネットの電子図書館「青空文庫」(http://www.aozora.gr.jp/) です。たとえば「青空文庫」全体に「明治天皇」という言葉で検索をかければ、約百年前の文学作品のなかでは、どんなふうに天皇という存在が意識されてきたのかを知ることができます。それこそ大日本帝国憲法下における文学表現で天皇がどう語られてきたのか、ということを簡単に知ることができるのです。

かつては一冊一冊を読み解かなければ得られなかった情報が、一瞬の検索で手に入るようになったのです。これは非常に革新的な出来事であり、この文化的にも学術的にも非常に高い価値を「青空文庫」はすでに証明しているのです。図書館のデジタルアーカイブもぜひ、追随するべきだと私は思います。リアルとバーチャルを融合させる利便性と、いまと過去を同時に収集していくデジタルアーカイブの模索が、これからの図書館の課題だと言えるでしょう。

また、検索して横断的に使えるようにするために、必ずオープンな姿勢にして、権利主張をしないことも大切なことかもしれません。

結果的に、リアルとバーチャルの世界で「どこからどこまでが図書館の仕事なのか」が見えなくなっていき、全体の学術的・文化的な水準を根本的に上げることに貢献していれば、それこそが図書館にとって最高のアドボカシーになることはまちがいありません。

6▼▼▼図書館は「オープンデータ」の守護神になるのか？

これからの時代で、図書館にあるデータは、やはりインターネットを含んでオープン化され、誰もが自由に、商用利用も含めて二次利用可能な状態にする拡張が必要だと私は思っています。残念ながらいまの図書館では、こうした「オープンデータ」への取り組みがほとんどできていないと思

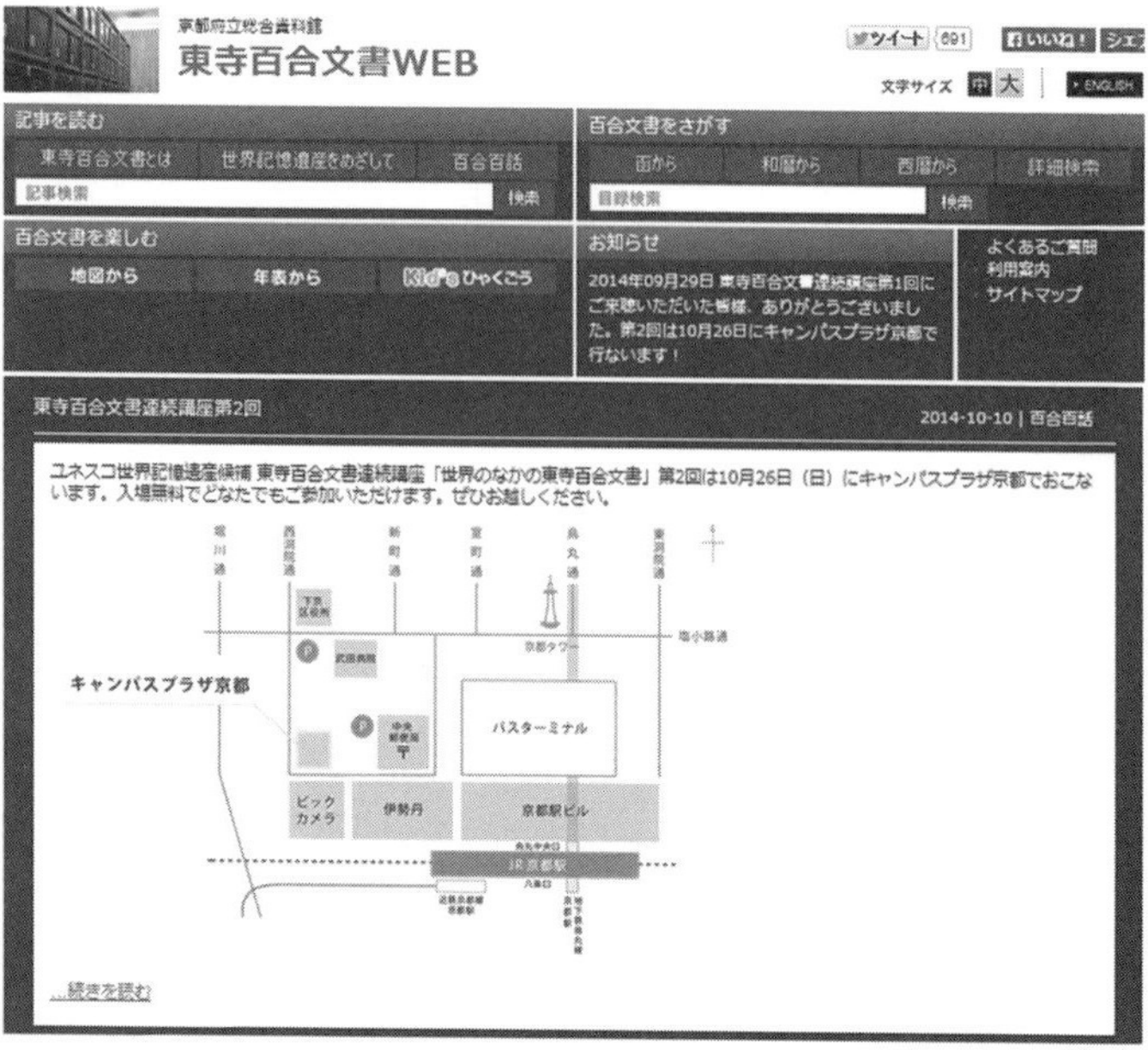

写真17　「東寺百合文書」（http://hyakugo.kyoto.jp/）

います。

オープンデータの画期的な例としては、京都府立総合資料館の取り組みが挙げられます。京都府立総合資料館は、「東寺百合《ひゃくごう》文書」という国宝の文書群をデジタルアーカイブし、かつ二次利用も商用を含めて認めるという方針をとったのです。まさに国宝をオープンデータ化したのです。

あるいは岡山県の瀬戸内市による「せとうちデジタルフォトマップ」も印象的です。これは瀬戸内市内で撮影した写真を、ウェブサイトを通してユーザーから集め、写真はもちろん撮影場所などの情報を共有する試みです。これは「いま」をどんどんアーカイブしていく仕組みと言えるでしょう。もちろん二次利用を認めています。

どうして図書館で二次利用やオープンデータ化が重要なのでしょう。それは、図書館は単に知識や情報を保存して提供するだけではなく、知識を再生産する力をもつことが重要だからです。そのためにはデジタルアーカイブがオープンデータとして、再生産ができる形で提供されることが不可欠です。

　これからの図書館にとってのデジタルの活用というのは、オープンであるのはあくまでも手段であって、集めたものが二次的な、あるいは再生的な知識循環のプロセスに関わらなければなりません。

写真18　「せとうちデジタルフォトマップ」
(http://www.setouchi-photomap.jp/)

　また、図書館はオープンデータでの、「情報の守護者」になるという役割も大切です。現在、多くの自治体での行政情報がオープンデータ化されています。自治体報や市報とか、まちのニュースレター、まちの歴史である自治体史をオープンにするところも増えています。しかし、残念ながら図書館は自治体が公開しているオープンデータを収集していません。つまり、いまの日本の行政情報は、オープンにはなっているものの、誰も守っていない状況にあるわけです。

事実、二〇一四年の春に、各省庁がもつ公開可能なオープンデータを検索できるようにした政府のオープンデータカタログサイトの試行版「DATA.GO.JP」（http://www.data.go.jp/）が、予算切れによって休止(1)して大問題になったところです。

自治体が発信している情報は、いわば地域情報であり、ほかのあらゆる資料に優先して収集すべきだと私は思います。一般的な行政機構の組織は予算が切れたら動かなくなりますし、いちばん怖いのは、市長や議会の構成が変わったりすることによって政策転換がおこなわれることです。いまの市長が二十年後も市長をやっているという保証はどの自治体にもないわけです。次の市長になって方針を変えられてしまい、それまでのオープンデータが維持できなくなる可能性もゼロではありません。

そのときに情報を維持するためには、図書館がオープンデータの行政情報を図書館資料として収集している必要があります。図書館が集めて公開しても、そもそも二次利用を認めているオープンデータですから問題ありません。さらに図書館は資料を簡単に廃棄したりしない厳格なルールを定めていますので、図書館がオープンデータの守護者になれば、まず行政情報は安心です。

普段の行政情報は自治体のサイトで公開されているもので十分でしょう。しかし、図書館はバックアップとして、収集した行政情報を公開し続け、常に新しい状態にしながら、古い状態のものも維持しておく。そうした仕事を、オープンデータ環境における図書館には期待したいと思います。

これはある意味で、行政支援にもつながってくることです。図書館も行政機構のなかで発行された刊行物はちゃんと保存しているわけですから、オープンデータも同じものだとみなしてしまえばいいと思います。

こうした責任を果たすことができるようになれば、図書館の社会的地位をより確固たるものにする大きな理由にもなると思います。

7▼▼▼「MOOC」で学習の地域間格差を、ゼロに

現在、世界中で大学講義のデジタル化が進んでいます。

「MOOC（Massive Open Online Course）」は、インターネット上で誰もが無料で受講できるオンラインデジタル講義のことを指します。海外では広まっていて、日本でも最近、JMOOC（日本オープンオンライン教育推進協議会）という組織ができ、私も関わっているのですが、NTTドコモなどの「gacco」（http://gacco.org/）という授業配信サービスなどが生まれています。これが生涯学習や継続学習支援に革命的な拡張を起こすかもしれないのです。

「MOOC」の大きな特長は、先行して存在している「Coursera」（https://www.coursera.org/）や「edX」（https://www.edx.org/）といった海外のサービスを見ればわかりますが、講義を提供している実際の大学の単位認定をおこなっている点です。大学の単位認定をオンラインでもおこなうとい

写真19 「gacco」(http://gacco.org/)

うのは、大学制度の根幹に関わる大変革と言えるでしょう。対面でゼミを通して単位認定していた、ある種の徒弟制度を変えていこうという大学側の姿勢の表れでもあります。

「MOOC」の基本形は、まずオンライン講座で事前学習をしたうえでリアルの場でのスクーリングをおこない、学習成果を確認して単位認定をする「反転学習・反転授業」という形式です。この「MOOC」が生涯学習や継続学習支援にどう関わってくるのでしょうか。

そもそもインターネットが登場してきたときに「インターネットは地方・都市間の格差を解消する」と言われていました。しかし、学習機会の観点に立つと、現実にはまったく格差は解消されていないことがわかります。学習機会において、首都圏のまちと地方のまちで決定的に違うことは「高等教育が身近にあるかどうか」です。ここに多くの機会格差が生まれています。

たとえば、鹿児島の山奥の田舎《いなか》から東京の大学を選ぶとき、それほど多くの選択肢は得られません。オープンキャンパスがあるといっても、大学のある東京まで行かなければならないからです。首都圏に住んでいる人たちとはアクセス面で大きな格差があります。いろいろな大学のオープンキャンパスに足を運び、模擬授業を受けにいって「この大学がいい」と選べるのは、首都圏の恵まれた若者だけです。

それにまちに大学があれば、大学というシンクタンクをもっているということになり、市民は公開講座という恩恵にもありつけ、大学図書館を使うこともできるため、おのずと学習レベルが上がります。首都圏で大学進学率が高いというのは、ひとつには大学との距離感が近いからでしょう。

この格差を埋めるために、「MOOC」への期待が高まっているのです。「MOOC」は、通信インフラさえ整えば、最先端の大学の授業を地方でも受けられるようになるからです。

しかし、ただ「MOOC」のウェブサイトを作れば使ってもらえるわけではありません。そこで、いまは地方の図書館で「MOOC」を受講できるブースをつくる試みを推進しています。つまり、地方の図書館は今後、その地域の学習基盤を支える重要な役割を担うことになるかもしれないのです。

「MOOC」はまさに社会教育、生涯学習を中心に提供するので、図書館のように誰もが入ってこれる公共施設で受講できる環境をまず整え、市民に認知してもらい、最終的には自宅で受講していくというスタイルになると考えられます。まず「MOOC」とは何かがわかる「ショーウインドウ」として、図書館を活用していくことが大切だと感じます。

これが実現すれば、図書館としては大きな決断になります。図書館は社会教育機関と言われながらも、いまのところ、直接的な教育にはタッチできていません。これからはその状況が変わっていくのです。

「MOOC」がさまざまな生涯学習コンテンツを配信していくことで、ゆくゆくは地方・都市間で受け取れる学習コンテンツの地域間格差をゼロまで下げていくことも不可能ではありません。そして、その突破口を担うのが、図書館になるかもしれないのです。

最後に見たように図書館には、まだまだ拡張する余地があります。守るべき、残すべきものは残しながら、新しい役割も開拓していきましょう。

さあ、未来の図書館、はじめませんか。

注

（1）「政府のオープンデータカタログサイト、正式版開設に向け試行版が休止」（http://japan.zdnet.com/cio/analysis/35046126/）［アクセス二〇一四年十月二十五日］を参照。

図書館をつくるための本棚

本書の執筆および私の活動を根底から支える、図書館のために図書館について書かれた本四十七冊を紹介します。なお、かなり絞り込んでいますので、本来入るべき書籍が入っていないことをお許しください。

▶▶▶図書館のためのジャーナリズム

柳与志夫『千代田図書館とは何か──新しい公共空間の形成』ポット出版、2010年、ISBN9784780801422、定価2200円＋税
業界で議論をリードする著者による、千代田図書館を描いたドキュメンタリー。中心的人物によってこれからの図書館のあり方を示唆する内容にまとめられている点が秀逸だ。

柳与志夫『知識の経営と図書館』(「図書館の現場」第8巻)、勁草書房、2009年、ISBN9784326098347、定価2400円＋税
知識をどうやって利活用し、図書館はどう振る舞うべきか、著者の思想がわかる一冊。『千代田図書館とは何か』との併読がオススメ。

柳与志夫『図書館制度・経営論』(「ライブラリー図書館情報学」第4巻)、学文社、2013年、ISBN9784762023897、定価1800円＋税
図書館の制度、そして経営がどのような理論によっておこなわれているかがわかる一冊。類書はあれど、著者の柳与志夫氏は理論と実践を兼ね備えているので説得力がある。

猪谷千香『つながる図書館──コミュニティの核をめざす試み』(ちくま新書)、筑摩書房、2014年、ISBN9784480067562、定価780円＋税

菅谷明子『未来をつくる図書館――ニューヨークからの報告』（岩波新書）、岩波書店、2003年、ISBN9784004308379、定価760円＋税
図書館をつくるうえで起点となる2冊の名著。内部の関係者の記録も大切だが、こうした外部のジャーナリストが注目する存在に、図書館はなっていくべきではないだろうか。

▶▶▶図書館のための教科書

日本図書館協会編『市民の図書館 増補版』日本図書館協会、1976年、ISBN9784820476009、定価830円＋税
図書館の教科書として広く知られる名著。古い書だが、読み解くことで、いまの図書館を深く知ることができるとともに、この本を超える教科書が出ていないことへの問題意識を芽生えさせる。

日本図書館協会編『中小都市における公共図書館の運営――中小公共図書館運営基準委員会報告』日本図書館協会、1973年、ISBN9784820473015、定価1300円＋税
中小規模の図書館の運営について詳細にレポートされている。市民の図書館を読んでから手に取れば、中小規模の図書館の全体像が把握できる。

日高昇治『図書館情報技術論』（「ライブラリー図書館情報学」第3巻）、学文社、2013年、ISBN9784762023668、定価1800円＋税
最近の司書課程で出てきている図書館情報技術論。情報技術はこれからの図書館づくりには欠かすことができないので、まず本書の内容を押さえておくといい。

指宿信編『法情報サービスと図書館の役割』（情報とメディア）、勉誠出版、2009年、ISBN9784585052081、定価2200円＋税

法情報にテーマを絞った書。著者はもともと刑事訴訟法の研究者である。専門的な情報を扱ううえで必要なこと、意義が整理されている。

上田修一／倉田敬子編著『図書館情報学』勁草書房、2013年、ISBN9784326000388、定価3200円＋税

山本順一編『新しい時代の図書館情報学』（有斐閣アルマ Interest）、有斐閣、2013年、ISBN9784641220102、定価1800円＋税

根本彰編『シリーズ図書館情報学１　図書館情報学基礎』東京大学出版会、2013年、ISBN9784130034913、定価3200円＋税

根本彰／岸田和明編『シリーズ図書館情報学２　情報資源の組織化と提供』東京大学出版会、2013年、ISBN9784130034920、定価3000円＋税

根本彰編『シリーズ図書館情報学３　情報資源の社会制度と経営』東京大学出版会、2013年、ISBN9784130034937、定価3200円＋税
司書課程改正を受け、図書館関係の教科書が一新されている。これらは図書館情報学を理解するための書であり、現場信仰にとどまらない幅広い図書館の理解が促される。

▶▶▶図書館比較研究

瀬畑源『公文書をつかう——公文書管理制度と歴史研究』青弓社、2011年、ISBN9784787233325、定価2600円＋税
注目の研究者によって書かれた公文書館についての書。多少専門的ではあるが、包括的な研究書として良書。図書館と対をなす公文書館を理解するならこの一冊。

レドモンド・キャスリーン・モルツ／フィリス・デイン『シビックス

ペース・サイバースペース――情報化社会を活性化するアメリカ公共図書館』山本順一訳、勉誠出版、2013年、ISBN9784585200062、定価4200円＋税
世の中の情報化が進み、図書館に求められるものが変わってきた。本書は図書館先進地であるアメリカの事例から情報化社会における図書館の役割がわかる書。

益子一彦『図書館空間のデザイン――デジタル化社会の知の蓄積』丸善出版、2011年、ISBN9784621084274、定価3200円＋税
著名な図書館設計者である建築家の益子一彦氏による図書館づくりのテキスト。図書館を建築の目線から比較するうえでそろえておきたい一冊。

江上敏哲『本棚の中のニッポン――海外の日本図書館と日本研究』笠間書院、2012年、ISBN9784305705884、定価1900円＋税
海外で日本の本がどのように所蔵され、利用されているかをまとめた専門書。海外の図書館を通して日本がどう見られているかがわかる一冊。

▶▶▶個性豊かな図書館ドキュメンタリー

鈴木明／港千尋／多摩美術大学図書館プロジェクト編『つくる図書館をつくる――伊東豊雄と多摩美術大学の実験』鹿島出版会、2007年、ISBN9784306044845、定価2500円＋税
多摩美術大学の図書館のドキュメンタリー。写真やデザインが秀逸であり、図書館新設プロジェクトをいかに記録するかについて非常に参考になる良書。

宮下明彦／牛山圭吾編著『明日をひらく図書館――長野の実践と挑戦』青弓社、2013年、ISBN9784787200518、定価2000円＋税
ライブラリーオブザイヤーを二館が獲得している、長野県の市町村図書館の取り組みが幅広く書かれている。地域の独自性を担保した図書

館をいかに生み出すかを知ることができる。

せんだいメディアテーク・プロジェクトチーム編、石井威望／伊東豊雄／伊東豊雄建築設計事務所／小野田泰明／桂英史／鈴木明著『せんだいメディアテークコンセプトブック』ＮＴＴ出版、2005年、ISBN9784757101593、定価2000円＋税
せんだいメディアテークの成り立ちを綴ったドキュメンタリー。歴史的でシンボリックな施設がどのように生まれたかを追体験できる一冊。

小林麻実『図書館はコミュニティ創出の「場」──会員制ライブラリーの挑戦』（ネットワーク時代の図書館情報学）、勉誠出版、2009年、ISBN9784585054276、定価2000円＋税
六本木ライブラリーのドキュメンタリー。私立図書館であり、コワーキング図書館の走りとしての実践を描く。完成に至るまでの議論が細部まで綴られているのが秀逸。

白根一夫編著『町立図書館をつくった！増補版──島根県斐川町での実践から』青弓社、2008年、ISBN9784787200372、定価2000円＋税
島根県の町立図書館のドキュメンタリー。地理的・経済的ハンデがある地域であっても、多くのことをなしえている。図書館づくりのうえで大きなヒントになる一冊。

竹内比呂也／豊田高広／平野雅彦『図書館はまちの真ん中──静岡市立御幸町図書館の挑戦』（「図書館の現場」第6巻）、勁草書房、2007年、ISBN9784326098323、定価2100円＋税
静岡市立御幸町図書館のドキュメンタリー。大都市のなかで中規模程度の地域の図書館を産み育てていくことが、中心的人物によって書かれている。

▶▶▶高齢化する図書館への備え

溝上智恵子／呑海沙織／綿抜豊昭編著『高齢社会につなぐ図書館の役割――高齢者の知的欲求と余暇を受け入れる試み』学文社、2012年、ISBN9784762023194、定価1800円＋税
高齢化社会が加速する日本の未来において、最も多くなるであろう利用者である高齢者に対し、図書館は何をすべきかが非常に詳しく書かれている。

宮田昇『図書館に通う――当世「公立無料貸本屋」事情』みすず書房、2013年、ISBN9784622077626、定価2200円＋税
翻訳者である著者が退職し、図書館通いをはじめたことによる驚きを綴った面白いエッセー。図書館がこれから向き合わなければならない人物像・利用者像をつかむことができる一冊でもある。

吉田右子『デンマークのにぎやかな公共図書館――平等・共有・セルフヘルプを実現する場所』新評論、2010年、ISBN9784794808493、定価2400円＋税

小林ソーデルマン淳子／吉田右子／和気尚美『読書を支えるスウェーデンの公共図書館――文化・情報へのアクセスを保障する空間』新評論、2012年、ISBN9784794809124、定価2200円＋税

マグヌスセン矢部直美／吉田右子／和気尚美『文化を育むノルウェーの図書館――物語・ことば・知識が踊る空間』新評論、2013年、ISBN9784794809414、定価2800円＋税
北欧の図書館を知ることができる三部作。北欧は社会福祉の先進国でもあることから、日本のこれからの図書館のあり方を知るうえでヒントになる。写真も多く、読み物としても魅力的。

▶▶▶読ませる図書館づくり

大串夏身／鳴海雅人／高野洋平／高木万貴子『触発する図書館――空間が創造力を育てる』青弓社、2010年、ISBN9784787200457、定価2000円＋税
図書館情報学の大御所である大串夏身氏とベテランの建築家がいろいろなテーマでアイデアスケッチをした一冊。図書館づくりのヒントを探すうえで役に立つ書。

渡部幹雄『地域と図書館――図書館の未来のために』慧文社、2006年、ISBN9784905849377、定価2500円＋税

渡部幹雄『図書館を遊ぶ――エンターテインメント空間を求めて』新評論、2003年、ISBN9784794806161、定価2000円＋税
著者は多くの県を渡り歩いて図書館を立ち上げてきた人物。これらの書はいわば〝図書館職人〟の時代を支えた一人の伝記である。本書を読んで図書館を訪問すると学びが倍増する。

山内薫『本と人をつなぐ図書館員――障害のある人、赤ちゃんから高齢者まで』読書工房、2008年、ISBN9784902666151、定価1800円＋税
華やかな図書館についての本は数あれど、本書は図書館の「あたりまえ」を論じた名著。社会的装置としての図書館の「あたりまえの役割」とは何かが綿密に述べられている。

▶▶▶図書館をメンテナンス

千野信浩『図書館を使い倒す！――ネットではできない資料探しの「技」と「コツ」』（新潮新書）、新潮社、2005年、ISBN9784106101403、定価680円＋税

井上真琴『図書館に訊け！』（ちくま新書）、筑摩書房、2004年、ISBN9784480061867、定価800円＋税
前者は図書館の外の人（「ダイヤモンド」誌編集者）、後者は中の人が

書いた図書館の使い方。十年たっても古びない名著であり、図書館の機能性を検証するうえでのベンチマークとなる二冊。

根本彰『情報基盤としての図書館』勁草書房、2002年、ISBN9784326050154、定価2800円＋税

根本彰『続・情報基盤としての図書館』（「図書館の現場」第3巻）、勁草書房、2004年、ISBN9784326098293、定価2400円＋税
著者は図書館情報学の大御所。研究者らしく精緻な分析をもとに、情報の基盤としての図書館が書かれている。十年前に書かれていて、図書館の達成度を振り返り検証できる書。

▶▶▶図書館コミュニティーのヒント

種村エイ子『学習権を支える図書館』南方新社、2006年、ISBN9784861240799、定価2400円＋税
学ぶためのコミュニティーとしての図書館がどう生かされていくべきかが綴られたルポルタージュ。著者は多くの司書育成を手がけていることでも知られる。

issue+design project著、筧裕介監修『地域を変えるデザイン――コミュニティが元気になる30のアイデア』英治出版、2011年、ISBN9784862761286、定価2000円＋税

玉村雅敏編著『地域を変えるミュージアム――未来を育む場のデザイン』英治出版、2013年、ISBN9784862761538、定価2200円＋税
いま、地域をどのようにポジティブに変化させていくかが、ワークショップなどを通して盛んに論じられている。この二冊はそれをミュージアムなどの事例ベースで詳しく紹介する。

ナカムラクニオ『人が集まる「つなぎ場」のつくり方――都市型茶室

「6次元」の発想とは』阪急コミュニケーションズ、2013年、ISBN9784484132365、定価1400円＋税
「六次元」という有名なコミュニティースペースについて書かれている。人と人をつなぐ場になることをミッションとする図書館にとって、参考になる先行的な取り組み事例である。

内沼晋太郎『本の逆襲』(「idea ink」10)、朝日出版社、2013年、ISBN9784255007588、定価940円＋税
下北沢にある本屋Ｂ＆Ｂを営むブックコーディネーター・内沼晋太郎氏のさまざまな取り組みがわかる書。本を使っていかに人をつないでいくかのヒントに満ちている。

内沼晋太郎『本の未来をつくる仕事／仕事の未来をつくる本』朝日新聞出版、2009年、ISBN9784022505460、定価2200円＋税
本というものを質の高いコミュニティーエンターテインメントに昇華させる、内沼晋太郎氏の名著。これほど本のことを考えている人がいることを知り、刺激を受けることができる一冊。

▶▶▶図書館とまちづくり

吉田邦雄／髙橋徹／齋藤繁喜／鳴海雅人／澤井一善『つなぐまちづくりシビックデザイン』日刊建設通信新聞社、2014年、ISBN9784902611571、定価1800円＋税
建築・都市計画を専門とする人が書いたまちづくりの書。図書館からまちづくりを語るうえでの重要な論点がコンパクトにまとめられていて、入門書にも最適。

福留強著、全国生涯学習まちづくり協会監修『図書館がまちを変える──発展する生涯学習都市の姿』東京創作出版、2013年、ISBN9784903927220、定価1400円＋税
生涯学習とまちづくりに図書館はどのように貢献しているかについて書かれている。最近から過去に遡った事例までが丹念に取材されてい

て、図書館関係者の間で幅広く読まれている。

北羽新報社編集局報道部編『廃校が図書館になった！――「橋本五郎文庫」奮戦記』藤原書店、2012年、ISBN9784894348844、定価2000円＋税
市民が手作りでつくった図書館の実践レポ。文字どおりの市民参加をどのように促したか、そして既存の施設をどう活用するかが「奮闘記」としてまとめられた活目の書。

沢田正春『山あいの図書館と地域のくらし――置戸図書館と共に歩んで』日本図書館協会、1992年、ISBN9784820492054、定価1456円＋税
本書でも紹介した置戸町の図書館がどのようにして立ち上がったかを、当事者の実録によって振り返る書。過疎自治体にとって、置戸町の事例と躍進は大きなヒントになる。

図書館系業務実績一覧

※以下、アカデミック・リソース・ガイドが関わった事業です。
※2017年4月現在の実績です。
※業務を請け負った年度の早い順に並べています。

●主要実績一覧

富山市 西町南地区公益施設整備事業（富山市立図書館）（2012年度―2013年度）※2015年開館
京都府立総合資料館統合データベースシステム仕様検討（2012年度）※2015年公開
恩納村文化情報センター整備事業（2012年度―2014年度）※2015年開館
新瀬戸内市立図書館整備事業（2013年度―）※2016年開館
宮城県図書館による震災アーカイブ構築事業（2013年度）※2015年公開
長崎県 県立・大村市立一体型図書館及び郷土資料センター（仮称）整備基本計画策定支援（2013年度）
須賀川市（仮称）市民交流センター整備事業基本計画策定支援（2013年度―）※2018年開館予定
名取市 新図書館建設に係るアドバイザー（2014年度―）※2018年開館予定
気仙沼図書館災害復旧事業・気仙沼児童センター整備支援（2014年度―2015年度）※2018年開館予定
港区芝5丁目複合施設等整備基本構想策定支援（2014年度―2015年度）
港区芝5丁目複合施設整備基本設計支援（2016年度）
日出町新図書館建設計画支援（2014年度）※2015年開館
山口市立図書館デジタル化調査研究支援（2014年度）
山口市立図書館新サービス計画策定支援（2015年度）
沖縄市立新図書館建設推進支援（2015年度）※2017年開館
和歌山市民図書館基本計画策定支援（2015年度）
長与町新図書館整備計画策定支援（2015年度―2016年度）

千代田区図書館システムリプレースコンサルティング（2015年度）

別府市図書館・美術館整備基本構想策定支援（2016年度）

境港市民交流センター（仮称）新築工事基本設計支援（2016年度）

富谷市次世代型図書館づくりに向けた市民参加ワークショップ事業（2016年度）

西ノ島町コミュニティ図書館基本計画・基本設計・実施設計策定支援（2016年度―）

新智頭図書館建設に関するアドバイザー（2017年度―）

板橋区立中央図書館基本設計・実施設計支援（2017年度―）

●その他・代表スタッフへの委員などの委嘱実績ほか

総務省デジタル資産活用戦略会議ウェブ情報利活用ワーキンググループ構成員（2004年度）

神奈川県立図書館アドバイザー（2007年度、2013年度）

東京都立図書館協議会委員（2009年度―2010年度、2011年度―2012年度、2017年度―2018年度）

国立国会図書館デジタル情報資源ラウンドテーブル（2009年度―2011年度）

総務省関東総合通信局地域住民参加型デジタルアーカイブの推進に関する調査検討会（2010年度）

神奈川の県立図書館を考える会（2012年度―）

総務省地域情報化アドバイザー（2012年度―）

総務省 ICT 地域マネージャー（2013年度―2015年度）

総務省「東日本大震災アーカイブ」ラウンドテーブル 構成員（2012年度）

佐賀県これからのまなびの場のビジョン検討懇話会（2013年度―2014年度）

埼玉県新県立図書館在り方検討有識者会議（2014年度）

須賀川市市民交流センター管理運営協議会アドバイザー（2016年度―）

静岡県立中央図書館整備の検討に関する有識者会議委員（2016年度）

あとがき

けっして分厚い本というわけではありませんが、本書を読み通していただき、ありがとうございました。心から感謝申し上げます。

本書では、共著者である森旭彦さんとの対話のなかでつくりあげた一冊です。図書館の専門家の方々からみれば、荒削りな点も少なくないかと思いますが、その責はひとえに私が負うべきものです。また、とはいえ、思い切って声にすべきと強い割り切りをもって言い切ったことも少なくなく、その点でぶしつけに思われた方もいらっしゃることでしょう。また、しょせんは事業者の側にいる人間のポジショントークであるとの見方もできるでしょう。それらいずれの声にも、一部はうなずきながらも、一部は首を横に振りたいと思います。それだけの一種の覚悟をもって上梓した一冊です。ご批判は甘んじて受けつつ、そのご批判にはこれから私がしていく図書館づくりで返答していきたいと思います。

本書刊行後、間もない時期から私が携わった図書館や関連施設が次々と登場してくるはずです。おそらくは、それらの施設をごらんいただいても、理論と実践の乖離が少なからずみられるでしょう。そこはまだもう少し時間がかかるものとご理解いただければ幸いです。日々もがいてはいますが、理想は一朝一夕に実現できるものではなく、また容易に実現できるものを理想とはいわないでしょう。ある種の開き直りですが、私としては本書をもって、私、並びに私が経営するアカデミック・リソース・ガイド株式会社の図書館への関わり方の最初のまとまった宣言にできればと思っています。

なお、本書の制作にあたっては、共著者である森さんをはじめ、青弓社編集部の矢野未知生さん、弊社のパートナースタッフのみなさんの多大なご助力を頂戴しました。謹んでお礼を申し上げます。そして私なりの図書館観を形づくってくるうえでは、日本全国、世界各地の図書館関係者や行政関係者、まちづくり関係者に様々な気づきを与えていただきました。いただいたご厚恩にはこれからの仕事で社会全体に対して恩返ししていきたいと思います。

大勢の方々に支えられて世に出る本書に込められた「未来の図書館、はじめませんか？」という呼びかけが広く深く伝わることを願っています。

二〇一四年十月二十日

［著者略歴］
岡本 真（おかもと・まこと）
1973年、東京都生まれ
アカデミック・リソース・ガイド代表取締役、プロデューサー
編集者などを経て、1999年、ヤフーに入社。「Yahoo! カテゴリ」「Yahoo! 検索」などの企画・運用に従事した後、2004年には「Yahoo! 知恵袋」の企画・設計を担当。09年に同社を退職し、現在に至る

森 旭彦（もり・あきひこ）
1982年、京都府生まれ
ライター。主にサイエンス、アート、ビジネスに関連したもの、その交差点にある世界に興味があり、ライティングを通して書籍、Webなどで創作に携わる

［編集協力］
加藤敦太（かとう・あつた）

未来《みらい》の図書館《としょかん》、はじめませんか？

発行――2014年11月15日　第1刷
2017年6月12日　第3刷

定価――2000円＋税

著者――岡本 真／森 旭彦

発行者――矢野恵二

発行所――株式会社青弓社
〒101-0061 東京都千代田区三崎町3-3-4
電話 03-3265-8548（代）
http://www.seikyusha.co.jp

印刷所――三松堂

製本所――三松堂

ISBN978-4-7872-0053-2　C0000